© **L'Harmattan,** 2017
5-7, rue de l'Ecole-Polytechnique, 75005 Paris

www.harmattan.com

ISBN : 978-2-343-11418-7
EAN : 9782343114187

De la Russie à l'URSS

*Edification et écroulement de l'Empire russe
(878 – 1991)*

Questions contemporaines
*Collection dirigée par B. Péquignot, D. Rolland
et Jean-Paul Chagnollaud*

Chômage, exclusion, globalisation… Jamais les « questions contemporaines » n'ont été aussi nombreuses et aussi complexes à appréhender. Le pari de la collection « Questions contemporaines » est d'offrir un espace de réflexion et de débat à tous ceux, chercheurs, militants ou praticiens, qui osent penser autrement, exprimer des idées neuves et ouvrir de nouvelles pistes à la réflexion collective.

Dernières parutions

Robert BIBEAU, *Question nationale et révolution prolétarienne sous l'impérialisme moderne*, 2017
Gilbert ELBAZ (coord.), *De la sexualité aux sexualités*, 2017.
Laurent TERTRAIS, *Politique du travail, L'emploi, c'est maintenant !*, 2017.
Michel BOURSE, *Les mots et les idées : l'interculturel et/ou le multiculturel, Essai*, 2017
Alexandre BAUMANN, *Les inégalités hommes-femmes en question, Entre choix, éducation et rationalité*, 2017
Frédéric GOBERT, *L'école flottante*, 2017.
Max MEMMI, *Cette France que nous aimons*, 2016.
Louise FINES, *Géographies policières. Ignorance concertée et propagande ennemie*, 2016.
Alain RENAUD, *La France, un destin*, 2016.
J. Fidel CORCUERA, Antonio GASPAR, Mónica DJIAN, Javier VICENTE et Chesús BERNAL (Coord.), *Les discours politiques. Regards croisés*, 2016.
Nathalie DROAL, *Emploi. Le Royaume-Uni, un modèle pour la France ?*, 2016.
Daniel ARNAUD, *La Corse et l'idée républicaine. Nouvelle édition revue et augmentée*, 2016.
Francis CHOISEL, *Comprendre le Gaullisme, A propos de quelques contresens sur la pensée et l'action du général de Gaulle*, 2016.
Daniel LAGOT, *Le droit international et les guerres de notre temps*, 2016

Hubert Morelle

De la Russie à l'URSS

*Edification et écroulement de l'Empire russe
(878 – 1991)*

Du même auteur

Après l'URSS, Inventaire pour un drame (ouvrage collectif codirigé avec Daniel Pineye), Editions du Félin, Paris, 1993.

La décolonisation de l'Empire russe (1992 – 2016) Mythe ou réalité ? L'Harmattan, Paris, 2017

Acronymes

CEI	Communauté des Etats indépendants
ONU	Organisation des Nations Unies
PC	Parti communiste
PCUS	Parti communiste de l'Union soviétique
RSFSR	République socialiste fédérative soviétique de Russie
RSS	République socialiste soviétique
RSSA	République socialiste soviétique autonome
SDN	Société des Nations
TASS	(*Telegrafnoïe agenstvo Sovietskovo Soïouza*) Agence télégraphique de l'Union soviétique
URSS	Union des républiques socialistes soviétiques

Introduction

Si l'on peut faire une comparaison entre la Russie et les empires coloniaux, il n'y a en aucun cas une similitude avec eux car elle a une particularité importante, la continuité territoriale. Aussi peut-on s'interroger sur le point de savoir si la Russie possédait un empire colonial ou si son expansion territoriale, vers le sud notamment, était analogue à celle des autres Etats. Avant d'étudier cette question, il convient de faire quelques rappels sur la construction historique des Etats afin de voir comment la Russie se situe par rapport à ce schéma.

LA CONSTRUCTION DES ETATS

L'histoire enseigne que les groupes d'hommes ont toujours cherché à augmenter leur puissance ; le plus rarement dans le seul domaine économique, illustré par la puissance commerciale. Celle-ci ne s'est pas toujours appuyée sur une base territoriale importante comme le montre l'exemple de la Phénicie qui a dominé commercialement la Méditerranée alors que ses cités ne formaient pas un Etat. Cependant, la puissance économique ne saurait se limiter à une domination commerciale et pour perdurer, elle doit s'appuyer sur une base de production assez large et sur une population suffisamment importante pour la défendre, par les armes le cas échéant.

En Europe, les Etats ont mis des siècles à se former, sous l'influence des invasions venues d'Asie, encore que certaines, comme celle des Huns, n'ont été que des mouvements de va-et-vient qui n'ont pas laissé de trace durable dans l'histoire. Les peuples qui se sont installés, soit se sont mélangés avec ceux qui étaient déjà en place, soit les ont combattus et, dans tous les cas, se sont constituées des féodalités qui ont lutté entre elles pour agrandir leur pré carré jusqu'au moment où leur domaine a eu une puissance suffisante pour se maintenir dans la durée. Cette évolution a été toutefois ralentie par le partage du domaine à chaque succession car il avait à l'origine une signification patrimoniale et non étatique. Cette évolution, valable, à des degrés divers, dans tous les pays, a conduit à des guerres dont l'objectif était de conquérir de nouveaux territoires, sans souci des souhaits des populations. Quand ils sont devenus suffisamment puissants, ces domaines se sont transformés en Etats qui ont cherché à assurer une continuité territoriale entre leurs possessions, ceux qui n'y sont pas parvenus ont été contraints de céder des territoires ou de se scinder : par exemple, l'empire de Charles Quint, même s'il avait été constitué par l'addition de royaumes ayant le même souverain, s'étendait de l'Espagne à l'Europe orientale et des Pays-Bas au sud de l'Italie et n'a pu perdurer dans cette configuration. Dans certains cas, l'acquisition de la puissance s'est réalisée par l'association ou l'unification volontaire de petits Etats proches par leur population et leur culture. Une constante a été la recherche de frontières naturelles cependant, ce but n'a pas toujours été atteint, si les Pyrénées ont constitué très tôt une frontière incontestée, le Rhin ne l'a jamais été sur tout son cours, malgré les nombreuses tentatives de tous les riverains.

Au fil des temps, la politique internationale a limité les rectifications de frontières : en 1815, le Congrès de Vienne a ainsi ramené peu ou prou la France dans ses frontières 1791, ne lui enlevant que les conquêtes napoléoniennes. Progressivement, les populations manifestent davantage leur sentiment par rapport au sort qui leur est réservé, c'est ainsi que la Sarre, longtemps sujet de dispute entre la France et l'Allemagne, a vu son destin définitivement scellé après la consultation de sa population qui a conduit à son retour à l'Allemagne en 1957 alors qu'*a contrario*, l'annexion de l'Alsace-Lorraine par Bismarck avait entretenu, en France, l'esprit de revanche pendant plus de 40 ans. Aujourd'hui, la charte de l'ONU refuse les modifications de frontières par la force : « les Membres de l'Organisation s'abstiennent, dans leurs relations internationales, de recourir à la menace ou à l'emploi de la force, soit contre l'intégrité territoriale ou l'indépendance politique de tout État, soit de toute autre manière incompatible avec les buts des Nations Unies »[1].

Les frontières se figeant de plus en plus au fil des siècles, les Etats les plus développés ne pouvant plus accroître leur puissance aux dépens de leurs voisins ont intensifié leurs conquêtes coloniales qui avaient débuté bien avant. Dans certains cas, elles n'ont pas engendré de conflits entre eux, dans d'autres cas, elles ont transposé outre-mer leurs querelles continentales. Cette colonisation a profondément marqué les relations entre les peuples au point que cinquante ans après

---

[1] Charte de l'ONU, article 2, alinéa 4.

la fin de l'essentiel de la décolonisation, ses séquelles restent un moteur important de la politique internationale.

Les Etats-Unis d'Amérique ont eu, pour leur part, un développement particulier sur un continent peu peuplé et sans structure étatique préexistante : avec des immigrants venant d'Europe, ils ont colonisé progressivement les territoires situés à leur ouest en menant des guerres non contre des Etats mais contre des tribus distinctes, fussent-elles parfois alliées entre elles. Au fil du temps, les territoires colonisés ont été incorporés dans la Fédération alors que les Amérindiens survivants étaient initialement cantonnés dans des réserves.

Parallèlement à la notion d'Etat, est née celle de Nation, selon Ernest Renan « une nation est une âme, un principe spirituel. Deux choses qui, à vrai dire, n'en font qu'une, constituent cette âme, ce principe spirituel. L'une est dans le passé, l'autre dans le présent. L'une est la possession en commun d'un riche legs de souvenirs ; l'autre est le consentement actuel, le désir de vivre ensemble, la volonté de continuer à faire valoir l'héritage qu'on a reçu indivis. »[2] Toutefois, il n'y a pas de modèle unique, on trouve des Etats-nations, des Nations sans Etats et des Etats multinationaux.

Dans le passé, pour accroître leur puissance temporelle, les détenteurs du pouvoir ont recherché une légitimité qui ne pouvait pas être contestée par les hommes, d'où l'instauration des sacres qui, progressivement, conduisit à une certaine implication de la religion dans le pouvoir temporel, toutefois cet aspect religieux du pouvoir a disparu aujourd'hui, dans les pays occidentaux, même si la religion reste souvent un des éléments importants de l'héritage commun au sein des différents peuples.

Données propres à la Russie

La Russie est-elle un cas spécifique ou retrouve-t-on chez elle les principaux traits décrits ci-dessus ? De la réponse à cette question découle la vision que l'on peut se faire de la Russie contemporaine. Pays vaste, elle est également un pays complexe qui mélange tous les types d'édification de l'Etat et de ses frontières : lutte contre les Etats voisins dans sa partie européenne, conquête de territoires peu peuplés en Sibérie et domination de populations très différentes dans le

---

[2] Ernest Renan, Qu'est-ce qu'une nation ? Conférence faite à la Sorbonne le 11 mars 1882, Calmann Lévy, Paris, 1882, page 26.

Caucase et en Asie centrale. Nous rechercherons ce qui appartient à l'un ou l'autre type d'évolution, expansion territoriale qu'on pourrait qualifier de naturelle ou colonisation. Pour en faciliter la compréhension, il est nécessaire de s'arrêter un instant sur quelques spécificités de la Russie.

Les nationalités

Dans la Russie tsariste comme dans l'URSS puis dans les Etats qui en sont issus, il y a deux concepts qui se recouvrent habituellement ailleurs : la citoyenneté (*grajdanstvo*) et la nationalité (*natsionalnost*). Tous les Soviétiques étaient citoyens soviétiques, ils avaient, de plus, une nationalité indiquant leur origine ethnique ; il en est de même en Russie aujourd'hui. Par exemple, le recensement de 1989 en Union soviétique dénombre 128 nationalités et 32 447 personnes (sur 285 millions) en ont indiqué une ne figurant pas sur la liste de celles qui figurent dans le résultat final. Si l'essentiel concerne des populations qui vivent sur le territoire russe, ce n'est pas toujours le cas : par exemple, on dénombre 701 Français et 277 Américains (dont certains sont également des citoyens soviétiques).

A la création de l'Etat soviétique et en réaction à l'empire tsariste, la politique annoncée était la protection des petits peuples qui bénéficiaient, dans une certaine mesure, d'une discrimination positive, toutefois, la politique des nationalités mise en place par Staline a surtout mis en œuvre une discrimination négative et utilisé les nationalités pour installer des minorités dans des aires géographiques précises et pour créer des irrédentismes afin que le pouvoir central ait un prétexte supplémentaire à se mêler des affaires locales[3].

La nationalité était déclarée à la naissance par les parents qui, dans le cas des couples mixtes, avaient le libre choix de celle d'un des deux pour leurs enfants. A sa majorité, la personne pouvait en changer pour prendre celle de son autre parent. Aujourd'hui, cette déclaration à la naissance est possible mais pas obligatoire et la nationalité, qui figurait sur les passeports soviétiques, ne figure plus sur les passeports russes.

---

[3] Hubert Morelle et Daniel Pineye (dir.), « Après l'URSS Inventaire pour un drame », Editions du Félin, Paris, 1993, page 63.

Organisation administrative

L'URSS était une fédération de 15 républiques, dont l'une, la Russie, était elle-même une fédération, en outre, l'Etat soviétique comprenait plusieurs autres types d'entités administratives partiellement subordonnées les unes aux autres. Lors du recensement de 1989, le découpage administratif était le suivant, dans l'ordre décroissant d'importance administrative :

- 15 républiques fédérées ;
- 20 républiques autonomes, dont 16 en RSFSR (République socialiste fédérative soviétique de Russie) ;
- 6 *kraï* (territoire) tous situés en RSFSR ;
- 112 *oblast* (région) dont 46 en RSFSR ;
- 7 *oblast* autonomes, qui sont subordonnés à une république fédérée ou à un *kraï*, dont 5 en RSFSR ;
- 10 *okroug* (arrondissement) autonomes, subordonnés à un *kraï* ou à un *oblast* ; ils sont tous situés en RSFSR ;
- le *raïon* (arrondissement) est la plus petite entité administrative.

Nous examinerons tout d'abord la création de la Russie et son expansion avant d'étudier dans quelle mesure les populations soumises à la domination russe avaient eu une histoire propre, indépendante d'elle. Ensuite, nous décrirons le déroulement de l'éclatement de l'URSS, en recherchant la part que les nationalismes ont prise dans ce processus avant d'en étudier les conséquences humaines, lourdes de menaces pour la suite. La question ukrainienne ne sera pas traitée ici car elle doit être vue dans sa globalité, un examen partiel ne pouvant que fausser l'analyse[4].

---

[4] Elle est traitée dans *La décolonisation de l'Empire russe, Mythe ou réalité (1992 - 2016)*, Hubert Morelle, l'Harmattan, Paris, 2017.

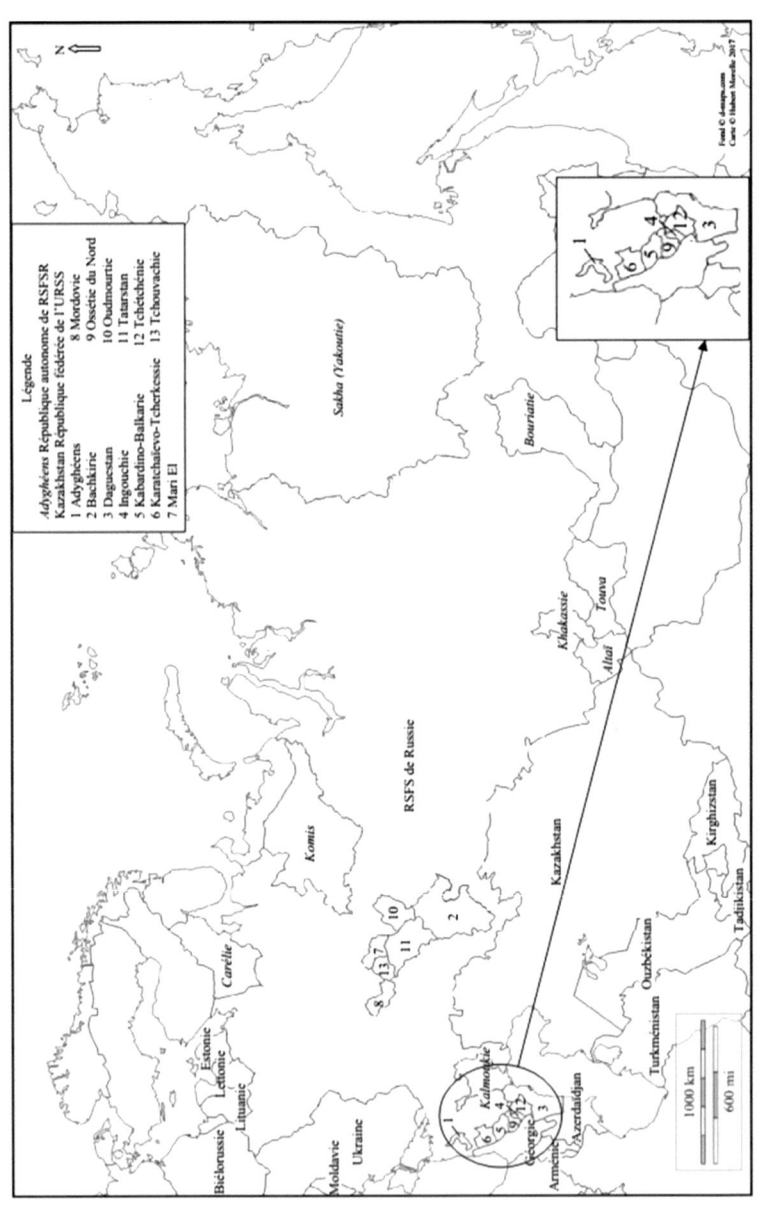

Républiques fédérées d'URSS et républiques autonomes de RSFSR[5]

---

[5] Source des fonds de carte : d-maps.com.

La Russie, un pays en expansion constante

En 1991, la Russie renaît du fait de l'éclatement de l'Union soviétique, toutefois, celle-ci n'était qu'un autre nom donné à l'Empire russe qui s'est agrandi sans discontinuer de la Russie moscovite à la fin de la Seconde Guerre mondiale. Il est donc nécessaire de se remémorer les différentes phases de la constitution de la Russie et de son empire pour saisir le traumatisme qui a pu être celui de ses citoyens lors de l'indépendance des républiques fédérées soviétiques. En outre, cette connaissance est indispensable pour comprendre le sentiment des populations allogènes de l'URSS, y compris en Russie même, et la profondeur de leur aspiration à l'indépendance. Après avoir rappelé succinctement le cadre géographique, nous examinerons en premier lieu la naissance de la Russie, qui éclaire les rapports qu'elle entretient avec ses voisins, puis, en suivant la chronologie, son expansion territoriale au cours des siècles en soulignant comment la Russie a glissé d'une extension territoriale comme en ont connu tous les Etats européens à une expansion coloniale. Aux différentes époques, nous verrons les éléments qui ont fondé le nationalisme russe, en particulier l'orthodoxie qui en constitue un élément essentiel car en devenant nationale cette religion a revêtu un aspect messianique très particulier.

CADRE GÉNÉRAL

Le territoire sur lequel est née la Russie est une vaste plaine qui s'étend sur environ 5 millions de kilomètres carrés, de l'Océan glacial arctique au nord, à la mer Noire et au Caucase au sud, des Carpates à l'ouest à l'Oural à l'est. Nulle part l'altitude ne dépasse 400 mètres.

A l'ouest, cette plaine ne comprend aucune frontière naturelle alors qu'à l'est, l'Oural n'est qu'un piètre obstacle qui peut, de plus, être facilement contourné par le sud. Au nord, l'Océan glacial est d'un faible intérêt stratégique car aucun envahisseur éventuel ne serait tenté de l'emprunter tandis qu'au sud, la mer Noire est plus intéressante mais est quasi fermée et sa sortie est contrôlée par les Dardanelles. En tout état de cause, il n'y a aucun obstacle dans l'espace délimité par les Carpates, le Caucase et l'Oural ; cet espace s'étend largement vers l'est, au-delà de l'Oural, jusqu'au cours de l'Ienisseï, voire celui de la Léna. Cette plaine est certes coupée par des fleuves qui peuvent constituer des obstacles temporaires à certaines périodes de l'année mais en hiver ils constituent les voies de communication préférentielles.

La Russie s'est construite par une évolution lente et permanente de plus de 1 000 ans et elle tarde à trouver sa stabilité politique et territoriale.

LA RUSSIE KIÉVIENNE

Les tribus slaves primitives sont installées au nord des Carpates et c'est de cette région qu'elles partent vers l'est où elles n'ont pas à conquérir la région du Dniepr car les populations autochtones sont très clairsemées et le pays, riche, assure sans problème la subsistance des nouveaux venus. Par ailleurs, le Dniepr constitue une voie commerciale importante entre la Baltique et la Méditerranée. En revanche, aucune source, byzantine (à compter du VIe siècle), arabe (à compter du VIIIe siècle) ou russe (à partir du XIe siècle) ne mentionne l'existence d'un Etat ; les Slaves sont organisés en tribus[6].

Cette notion d'Etat leur est apportée par les Varègues, envahisseurs commerçants venus de Scandinavie. Selon la chronique de Nestor, la plus ancienne chronique russe, les Slaves auraient dit aux Varègues : « Notre pays est vaste et riche, mais le désordre y règne ; venez et gouvernez-nous. » En 862, Riourik s'installe à Novgorod et ses successeurs descendent le Dniepr jusqu'à Kiev. En 945, un traité est signé avec Byzance par « les ambassadeurs et marchands envoyés par Igor, grand-prince russe et par tous les princes et par tous les hommes de la terre russe ». Cette formulation semble indiquer que le grand-prince russe ne règne pas sur toute l'étendue de la terre russe. A la fin du Xe siècle, le nom de « terre russe » s'étend à tout le territoire qui va du lac Ladoga (région de Saint-Pétersbourg) au confluent de la Vorskla et du Dniepr (sud-est de Kiev) et de la haute Volga (est de Moscou) au Pripet (région de Brest). Dorénavant, tous les actes diplomatiques parlent de la « terre russe » et les noms des tribus slaves disparaissent. Cependant, la région du Dniepr ne porte pas le nom de

---

[6] Voir Jared Diamond, « *De l'inégalité entre les sociétés* », Gallimard, Paris, 1997, pour la distinction entre bande, tribu, chefferie et Etat.

« Rous », mais celui de Grande-principauté de Kiev ; on parle de Russes avant qu'il y ait un Etat russe.

La conversion au christianisme va accélérer la constitution d'une identité russe ; alors que les Varègues avaient adopté les dieux des Slaves qui les avaient accueillis, ils sont frappés par le faste des cérémonies religieuses de Byzance. Les Byzantins ont par ailleurs tout intérêt à attirer au christianisme leurs voisins barbares menaçants et utilisent donc la propagande religieuse comme instrument de domination politique. Vladimir, prince de Novgorod mais qui a repris à son frère Kiev dont il est également grand-prince, demande la main de la princesse Anne, sœur des co-empereurs byzantins Basile II et Constantin VIII, en échange de sa conversion éventuelle. Pour les convaincre, il s'empare des dernières possessions byzantines au nord de la mer Noire et, en 988, il échange son baptême et la ville de Chersonèse en Tauride (Crimée) qu'il vient d'annexer contre la princesse Anne[7]. La christianisation du pays est rapide. Pour des raisons politiques, les princes s'efforcent à faire nommer des évêques autochtones. L'Eglise russe a tendance à devenir nationale et à affirmer le sens de l'unité nationale dans le peuple car c'est la seule institution centralisée face à des principautés dont les chefs se combattent en permanence en raison d'un système de succession collatérale entre frères, oncles, neveux et cousins germains. Kiev, maîtresse du Dniepr moyen, passage clé entre le nord et le sud, résidence du grand-prince et du métropolite[8] est le point focal des principautés.

Ces guerres intestines sont la cause de la décadence de la Russie kiévienne. En 1169, André Bogolioubski, grand-prince de Vladimir-Souzdal, pille Kiev qu'il abandonne à son frère Gleb et part à Souzdal où il s'adjuge le titre de « grand-prince de toute la terre russe », Kiev et Rous cessent d'être deux expressions de la même idée. Du bassin du Dniepr, la Russie s'est déplacée vers celui de la Volga. Alexandre Nevski est le dernier prince à recevoir l'investiture pour Kiev en 1249

---

[7] Il existe une autre tradition selon laquelle Vladimir, après avoir consulté des représentants des principales religions fait son choix et procède à un baptême de masse des Kiéviens dans un petit affluent du Dniepr. De là vient la querelle nationaliste actuelle entre ceux qui défendent le baptême de la Russie initié par le grand-prince de Kiev (donc Ukrainien), sur ses terres, et ceux qui disent que c'est le prince de Novgorod (donc Russe) qui est à l'origine du baptême qui a eu lieu en Crimée.

[8] Le métropolite est, sous l'autorité du patriarcat de Constantinople, le chef de l'Eglise russe.

où, cependant, le métropolite siège jusqu'en 1325. Les habitants émigrent en masse, les uns vers l'ouest (Volhynie et Galicie), les autres, plus nombreux, vers l'est (bassin de la haute Volga). La population de la Rous est coupée en deux, toutefois, Kiev continue à vivre dans la mémoire du peuple qui l'a baptisée la « mère de toutes les villes russes ».

LA RUSSIE MOSCOVITE

Un fait géographique conditionne le développement de la Russie : l'existence à l'est d'un arrière-pays illimité et pratiquement vide de population. Les colons venus du Dniepr s'unissent à la population locale d'origine finnoise. Alors que la population de la Russie kiévienne était d'abord conditionnée par l'économie fluviale, celle de la nouvelle Russie est principalement terrienne. Au plan politique, les descendants d'André s'efforcent de renforcer leur principauté ce qui les conduit à mener des guerres contre leurs voisins suédois, lituaniens et les Chevaliers allemands, tout en devant se défendre contre les Tatars qui mènent douze incursions sur les terres russes de 1252 à 1327.

Moscou, dont la première mention date de 1147, devient la capitale de la principauté en 1263 et le siège métropolitain y est fixé en 1325. La rupture avec Byzance est consommée en 1441 par la déposition du métropolite Isidore qui s'est prononcé pour la réunion des Eglises d'Occident et d'Orient au concile de Florence en 1439.

Ivan III, qui règne de 1462 à 1505, agrandit considérablement et durablement son territoire et se fait proclamer tsar. Pour la première fois, le grand-prince de Moscou est le symbole vivant de l'unité nationale, ce qui n'avait été le cas ni à Kiev, ni à Souzdal. La Russie d'entité ethnique est devenue une entité politique qui établit des rapports diplomatiques avec le royaume polono-lituanien, l'empire allemand, la Suède et les Chevaliers teutoniques et livoniens

Ivan IV, dit le Terrible, (1530 – 1584) joue un rôle majeur dans l'histoire de la Russie en mettant définitivement fin à la menace de la Horde d'Or par la prise de Kazan en 1552 puis celle d'Astrakhan en 1556 qui fait de la Volga un fleuve entièrement russe. En 1582, le cosaque du Don Iermak passe l'Oural, bat les Tatars à Tobol et donne la Sibérie au tsar.

Pendant le « Temps des troubles » (1584 – 1613) qui suit le règne d'Ivan le Terrible, Boris Godounov fait conférer en 1589 au métropolite la dignité de « patriarche de toute la Russie » par le patriarche œcuménique de Constantinople officialisant la séparation formelle des deux églises, l'Eglise russe devient autocéphale. Avec l'aggravation de leur condition, les paysans, profitant de la décadence de la puissance tatare, s'échappent vers le sud en devenant Cosaques et en formant une communauté qui n'en est pas moins russe. Les boïars font appel aux Polonais qui s'installent à Moscou et le roi de Pologne Sigismond veut convertir ses sujets au catholicisme, religion « hérétique » pour les Russes, et engendre une révolte populaire suscitée par le patriarche.

Le 21 février 1613, le Zemski Sobor élit tsar Michel Romanov dont la candidature a été proposée par les Cosaques ; c'est cependant le métropolite Philarète, père du jeune tsar, qui gouverne. La Russie doit céder à la Suède la rive méridionale du golfe de Finlande et Smolensk à la Pologne ; par contre, la conquête de la Sibérie se poursuit régulièrement et, en 1639, les Russes atteignent la mer d'Okhotsk et en 1648, le détroit de Behring ; une mer libre est atteinte. Vers le sud, la colonisation des steppes se poursuit avec les Cosaques du Don qui se revendiquent du tsar. Ils montent la garde face aux Turcs et aux Tatars de Crimée. En 1637, ils s'emparent d'Azov et offrent leur conquête au tsar qui refuse de se lancer dans une aventure aussi lointaine, repoussant de 150 ans l'accès de la Russie à la mer Noire.

Alexis, le fils de Michel, dont le règne s'étend de 1645 à 1676, mène de nombreuses guerres dont l'enjeu principal est l'ancienne Russie kiévienne, que les Russes appellent dédaigneusement « Petite-Russie » ou « Ukraine » (qui signifie marche, confins), qui est devenue une province du royaume catholique polono-lituanien ou République des Deux Nations ; il parviendra à la conquérir partiellement avec les traités de Pereïaslav (1654) et d'Androussovo (1667). Au plan intérieur, le règne d'Alexis est marqué par l'ébranlement d'un des piliers de la Russie, la foi orthodoxe ; un schisme, le *Raskol*, est engendré par des modifications aux textes et au cérémonial religieux introduites par le patriarche Nikon qu'Alexis fait déposer par le concile de 1666 ; l'Etat a triomphé de l'Eglise ; ce mouvement religieux perdure aujourd'hui sous l'appellation de « vieux croyants ».

L'Empire russe

Le règne de Pierre le Grand (1672 – 1725) change profondément le cours de l'histoire de la Russie en l'orientant vers l'Europe et en la modernisant, mais ne réussit pas à changer en profondeur son peuple. D'une certaine manière, Pierre réalise la séparation de l'Eglise et de l'Etat car il n'admet pas qu'elle entrave la bonne marche de celui-ci ; en 1721, il abolit le patriarcat et le remplace par un Saint-Synode. L'Eglise, qui ne représente plus l'unité religieuse depuis le *Raskol*, cesse d'être le symbole de l'unité nationale, Pierre a laïcisé le nationalisme. Au demeurant, il s'agit surtout d'une séparation à sens unique, le tsar se réservant de pouvoir intervenir dans les affaires de l'Eglise.

Son rêve d'accéder aux mers libres le conduit à créer une armée permanente et entraînée. Sur la Baltique, il obtient des succès importants face à la Suède et conquiert l'embouchure de la Neva, sur laquelle il fait construire sa nouvelle capitale, Saint-Pétersbourg, l'Estonie, la Livonie (partie nord de l'actuelle Lettonie), Helsinki, l'Ingrie (région située entre le lac Ladoga et la rivière Narva, donnant accès au golfe de Finlande), la Carélie ainsi que la moitié orientale de la Finlande ; seule la Courlande (partie sud de l'actuelle Lettonie) lui échappe et reste possession de la Pologne. Face à la Turquie, les résultats ne sont pas de même nature ; Pierre remporte sa première victoire en 1696 avec la prise d'Azov sur la mer du même nom mais, défait en 1711, il doit rendre la place forte au sultan conformément au traité de Falciu. Dans le Caucase, par le traité de Saint-Pétersbourg de 1723, il obtient du shah le littoral de la Caspienne, toutefois, ces régions sont rendues à la Perse en 1735 pour s'attirer ses bonnes grâces face à l'Empire ottoman.

Au-delà de ses conquêtes territoriales, Pierre a ouvert son pays sur le monde extérieur et initié un débat qui dure encore de nos jours et qui oppose les occidentalistes, partisans de l'ouverture vers les pays européens, et les slavophiles qui combattent cette ouverture au motif que les « valeurs traditionnelles » de la Russie sont supérieures.

Veuve de Pierre III qu'elle a fait assassiner, Catherine II (1762 - 1796), Allemande de naissance, est une Européenne, très éloignée des traits des souverains de la Moscovie. C'est pourtant elle qui donne définitivement à la Russie une place incontournable sur la scène européenne. Face aux trois puissances, la Suède, la Pologne et la Turquie, qui, de tout temps, menaçaient le pays, elle joue habilement du jeu des alliances. Par le traité de Koutchouk-Kaïnardji, en 1774, la

Turquie abandonne, définitivement cette fois, Azov et, également, les places fortes de Crimée et reconnaît l'indépendance des Tatars de Crimée et du Kouban, les plaçant de fait sous la domination russe. En outre, elle ouvre les détroits à la flotte marchande russe. Le grand rêve de Pierre le Grand est enfin réalisé, la mer Noire est devenue la frontière méridionale de l'empire ; Sébastopol est immédiatement fortifiée et devient le port d'attache d'une flotte militaire. Une nouvelle guerre avec la Turquie se termine comme la précédente et par le traité d'Iassy de 1792, la Turquie doit céder à la Russie la place forte d'Otchakov à l'embouchure du Dniepr et, définitivement, le littoral entre le Bug méridional et le Dniestr (région d'Odessa).

En même temps qu'elle mène la guerre contre la Turquie, Catherine s'active en Europe. A l'instigation de Frédéric II, elle participe au premier partage de la Pologne en 1772 qui lui donne la Russie blanche, sauf Minsk ; en 1793, le deuxième partage permet à la Russie d'acquérir Minsk, la Volhynie (région de Loutsk) et la Podolie (région de Vinnitsa située entre le Bug méridional et le Dniestr) et le troisième en 1795 lui donne le reste de la Lituanie jusqu'au Niémen et de la Volhynie jusqu'au Bug occidental. La Russie a recouvré la totalité des territoires de l'ancienne Russie kiévienne à l'exception de la Russie rouge, région de Lviv, qui reste possession de l'Autriche. Dans le Caucase, l'occupation de la Géorgie, prise temporairement à la Perse, prend fin avec la mort de Catherine.

Aucun souverain russe depuis Ivan le Terrible n'a acquis autant de territoires que Catherine II. Le berceau de la nationalité russe est enfin rattaché à la Russie qui a des frontières naturelles au nord et au sud, sur la Baltique et la mer Noire. Dorénavant la Russie ne peut poursuivre son expansion qu'en menant une politique impérialiste en plaçant sous son contrôle de nouveaux peuples allogènes, ce qu'elle a d'ailleurs déjà commencé à faire en plaçant sous son joug des peuples à l'histoire ancienne et distincte de la sienne, Polonais, Lituaniens, Lettons et Estoniens.

Une telle expansion ne peut se faire essentiellement qu'aux dépens des grands voisins du sud, les empires ottoman et perse. C'est la politique que mènent les successeurs de Catherine au XIXe siècle.

L'Empire ottoman doit céder la Bessarabie à Alexandre Ier en 1812 par le traité de Bucarest et les bouches du Danube ainsi que les districts de Kars et de Batoum (Batoumi) à Alexandre II par celui de San Stefano en 1878. En outre, les guerres russo-turques ont aussi pour conséquence l'indépendance de la Serbie, du Monténégro et de la

Roumanie, ainsi que la création d'une principauté bulgare ; les Slaves du sud n'ont jamais oublié ce que la Russie a fait pour eux.

Par le traité de Golestan (1813), la Perse cède à Alexandre Ier le Daguestan, l'Azerbaïdjan et la Géorgie, permettant à la Russie de prendre pied en Transcaucasie ; cette expansion est complétée par le traité de Turkmanchaï de 1828 qui rattache à la Russie de Nicolas Ier les provinces arméniennes (dont le Nakhitchevan). Après l'annexion vient la pacification du Nord-Caucase qui se termine en 1864.

Parallèlement à ces acquisitions, la Russie se renforce en Europe avec l'annexion de la totalité de la Finlande en 1808 et celle du Duché de Varsovie et de la Galicie orientale en 1815. La politique de russification menée principalement par Alexandre III réveille l'antagonisme religieux entre catholiques et orthodoxes en Pologne et ranime le nationalisme russe contre les Etats européens. Par contre, dans les provinces baltes cette russification s'apparente à une dégermanisation et l'autorisation donnée aux Lettons et aux Estoniens d'employer leur langue, pour les utiliser politiquement contre les barons allemands, a pour conséquence de contribuer à développer la conscience nationale de ces peuples.

La Russie intervient également en Asie centrale, dont elle a annexé progressivement la partie nord au XVIIIe siècle, car le Turkestan, partagé entre les khanats de Boukhara, de Khiva et de Kokand, est un foyer de turbulence qui gêne le commerce vers l'Inde et la Chine. Ces Etats sont annexés par Alexandre II entre 1865 et 1873 et, pour réduire les bandes d'irréguliers, les troupes russes entrent en Afghanistan, action que les Anglais font cesser par une intervention diplomatique. Ils s'étaient déjà inquiétés des menaces potentielles sur leur empire des Indes contribuant au déclenchement de la guerre de Crimée (1853 – 1856) Une véritable colonisation commence en Asie centrale qui s'étend en 1884 avec l'annexion de l'oasis de Merv.

En Extrême-Orient, la Russie mène une politique de consolidation : par le traité de Pékin (1860), la Chine lui rend la région de l'Amour qui lui avait été cédée au XVIIe siècle et lui abandonne le bassin de l'Oussouri ; le traité de Saint-Pétersbourg donne le sud de Sakhaline à la Russie et les îles Kouriles au Japon ; par contre, en 1867, la Russie vend aux Etats-Unis l'Alaska qui a été colonisée progressivement à partir de 1784. Nicolas II, dont le règne mène à la fin du tsarisme, s'engage dans deux guerres qui conduisent à deux révolutions dont la dernière lui est fatale. Après l'occupation de la Mandchourie par la Russie et son entrée en Corée, le Japon lui déclare la guerre en 1904.

Cette guerre coloniale à 8 000 kilomètres du centre de la Russie ne suscite aucun soutien populaire et nationaliste. Vaincue sur terre et sur mer, la Russie doit, par le traité de Portsmouth en 1905, céder au Japon Port-Arthur et la partie méridionale de Sakhaline et abandonne toute velléité d'influence en Corée et en Mandchourie méridionale.

Il s'ensuit la Révolution de 1905 qui instaure un parlement, la Douma, toutefois, Nicolas II l'empêche de jouer un rôle quelconque par des dissolutions successives. En novembre 1906, il signe un oukase qui permet aux paysans de recevoir du *mir* la parcelle qui leur revient. Cette mesure intervient 45 ans trop tard pour être bénéfique au régime. En effet, Alexandre II qui avait aboli le servage le 19 février 1861, réforme repoussée depuis des siècles, n'avait pas été au bout de sa logique en ne donnant pas la terre aux anciens serfs, ce qui en aurait fait une classe de propriétaires, mais à une collectivité locale, le *mir*, qui était devenue la base de l'administration. L'ancien serf n'était pas devenu le propriétaire de son instrument de travail dont il ne pouvait disposer à son gré, il n'était qu'un usufruitier qui était passé de l'autorité du seigneur à celle du *mir*.

Pour de nombreuses raisons, parmi lesquelles le respect de ses engagements vis-à-vis de la France et la Grande-Bretagne, la Russie entre en guerre contre l'Allemagne en 1914. La proximité des combats du cœur de la Russie, leur durée et leur ampleur ont l'effet que le conflit russo-japonais n'avait pas eu. Les foyers révolutionnaires qui couvaient depuis longtemps sans jamais réussir à s'imposer trouvent, dans ce contexte, les conditions favorables à leur développement et *in fine* à leur succès. Le 2 mars 1917, Nicolas II abdique en son nom et en celui de son fils Alexis, la couronne revient à son frère Michel qui abdique à son tour le 7 mars. La Russie devient une république de fait après 1 000 ans de monarchie.

LA RUSSIE SOVIÉTIQUE

La Révolution de 1917 aurait pu ouvrir la voie à l'éclatement de l'Empire russe. Il n'en fut rien malgré les soubresauts de la guerre civile. La question immédiate est celle de la guerre ; alors que le Gouvernement Provisoire proclame la fidélité aux alliés, le Soviet est pour une paix immédiate. Cependant, l'essentiel de la lutte est politique et se passe à l'intérieur du pays où l'Eglise, qui dans le passé avait joué un rôle important dans ce domaine, n'est plus crédible malgré sa séparation d'avec le pouvoir temporel ; en effet, la suppression du poste de procureur du Saint-Synode, qui était un véritable ministre civil du culte, et le rétablissement du patriarcat coupent le lien entre l'Eglise et le pouvoir politique. Finalement, les bolcheviks l'emportent avec la Révolution d'Octobre 1917. Staline est nommé commissaire du peuple aux nationalités et un décret du 29 octobre accorde aux peuples allogènes la liberté de disposer de leur sort, jusques et y compris la formation d'un Etat indépendant ; mais ce décret ne sera jamais appliqué. Le 10 juillet 1918 est promulguée la Constitution de la République Socialiste Fédérative Soviétique de Russie qui a été créée en janvier. La Russie n'est donc, au moins formellement, plus unitaire mais fédérale.

Par le traité de Brest-Litovsk du 3 mars 1918, la Russie perd de larges parties de son territoire : la Finlande, l'Estonie, la Lettonie et la Lituanie, qui avaient proclamé leur indépendance dès l'été 1917, l'Ukraine, qui a également proclamé son autonomie à l'été 1917, ainsi que Kars et Batoumi en Transcaucasie. La Biélorussie et la Pologne, déjà occupées par l'Allemagne, passent sous le contrôle de celle-ci. Le pouvoir soviétique dénonce ce traité dès le 13 novembre 1918 et reprend l'Ukraine et la Biélorussie. La question polonaise est définitivement réglée, après la guerre russo-polonaise, par le traité de Riga du 18 mars 1921 qui accorde à la Pologne la partie de la Russie blanche qu'elle revendique. Malgré des combats acharnés, notamment en Ukraine, la guerre civile qui dure de 1918 à 1920 n'entraîne pas un soulèvement massif des peuples allogènes. Elle met aux prises des armées blanches, d'origines diverses qui ne parviennent pas à coordonner leurs actions, à l'Armée Rouge, organisée et commandée par Trotski, qui bénéficie de cette unité de commandement, alors que l'intervention alliée permet aux bolcheviks de jouer sur la fibre nationale de défense de la patrie.

Dans quelques régions se constituent des Etats indépendants qui n'ont qu'une existence éphémère, sauf la Bessarabie qui, après avoir proclamé son indépendance à l'été 1917 sous le nom de République démocratique moldave, choisit en mars 1918 de s'unir à la Roumanie. Après deux ans d'indépendance, l'Azerbaïdjan et l'Arménie se rallient d'eux-mêmes au pouvoir bolchevik. La Russie met fin à l'indépendance géorgienne en mars 1921 après avoir envahi le pays. Quant à la République d'Extrême-Orient, elle s'oppose autant à l'intervention extérieure qu'aux bolcheviks et n'existe que de 1920 à 1922 et est réintégrée sans heurt dans la Russie. La République de

Touva, au sud de la Sibérie, existe jusqu'en 1944, toutefois, placée sous la protection de l'URSS, son indépendance est très relative.

Lénine est devant le dilemme de concilier le centralisme politique et les aspirations des peuples allogènes. La solution est la création en 1922 de l'Union des Républiques Socialistes Soviétiques bâtie sur des limites administratives ethniques. Elle comprend initialement quatre membres : Russie, Biélorussie, Ukraine et Transcaucasie. Plusieurs modifications interviennent jusqu'en 1936, on compte alors 11 républiques fédérées. Au sein de plusieurs d'entre elles existent des républiques autonomes, des territoires autonomes et des districts nationaux, toujours fondés sur une base ethnique, toutefois les limites administratives ne correspondent pas exactement aux frontières ethniques ce qui permet à Staline, même après avoir quitté le commissariat aux nationalités, de s'appuyer sur des minorités locales pour assurer le pouvoir communiste dans les républiques fédérées. La fédéralisation de l'Empire russe peut paraître comme une mise sur un pied d'égalité de tous les peuples, il n'en est rien. En effet, les quatre républiques fédérées constitutives de l'URSS sont loin de refléter la diversité des populations dont certaines doivent se contenter du statut de république autonome. En outre, la direction politique du pays est assurée par le Parti communiste de Russie (bolchevik), qui changera plusieurs fois de nom jusqu'en 1952 où il devient Parti communiste de l'Union soviétique (PCUS). Or, si chaque république dispose d'un parti communiste républicain, ce n'est pas le cas de la Russie qui est directement rattachée au PCUS, ce qui souligne son rôle particulier dans le dispositif, quand bien même le dirigeant suprême du PCUS ne serait pas russe (Staline était Géorgien et Khrouchtchev Ukrainien).

Staline est plus pragmatique que doctrinaire et a tôt fait de rejeter l'internationalisme de Lénine. Avec l'industrialisation à marche forcée de l'URSS, il remplace le nationalisme russe par un nationalisme soviétique fondé sur la fierté des réalisations du régime. Cependant, conscient du danger que représente la montée du nazisme, il comprend que la fierté fondée sur des réalisations matérielles peut s'avérer insuffisante, aussi fait-il inscrire dans la Constitution de 1936 que « la défense de la patrie est le devoir sacré de tout citoyen » et fait appel au passé historique de la Russie par la création des ordres de Souvorov, de Koutouzov, d'Alexandre Nevski et de la Guerre patriotique, histoire également magnifiée par les films d'Eisenstein. Après une période de propagande antireligieuse forcenée qui doit, selon le plan quinquennal de l'athéisme, aboutir à la disparition de tout lieu de culte sur le territoire de l'URSS en 1937, il n'hésite pas à faire appel à l'Eglise après l'invasion allemande en rouvrant les églises, en rétablissant le Saint-Synode et en restaurant le patriarcat de Moscou et de toute la Russie.

Face à la montée des périls et pour retarder l'attaque inévitable de l'URSS par les nazis, Staline signe le pacte germano-soviétique du 23 août 1939, c'est officiellement un traité de non-agression mais ses protocoles secrets délimitent les zones d'influence des deux pays en Europe centrale et anticipe un éventuel partage de la Pologne. C'est en s'appuyant sur ces clauses que l'URSS annexe en quelques mois la Pologne orientale, dont l'Ukraine occidentale fait partie, les Etats baltes, la Bessarabie et la Bucovine du Nord. Après la difficile victoire contre la Finlande, l'URSS annexe notamment la Carélie en 1940. Après l'attaque allemande de 1941, Staline fait appel au nationalisme russe en multipliant les références au passé historique et aux traditions russes, ainsi s'adresse-t-il à ses compatriotes avec les termes « frères et sœurs » et non plus « camarades », il appelle le conflit Grande guerre patriotique, en souvenir de la Guerre patriotique menée contre Napoléon. Ce nationalisme est porté à son apogée avec la victoire de l'Armée rouge sur les troupes nazies. Conformément aux accords de Yalta de 1945, la participation de l'URSS à la victoire contre l'Allemagne et sa présence militaire exclusive en Europe de l'Est ainsi que son entrée en guerre tardive contre le Japon, quoique faisant suite à plusieurs batailles soviéto-japonaises en 1938 et en 1939, permettent à Staline de reconquérir, ou d'acquérir, de nouveaux territoires : la région de Königsberg, rebaptisée Kaliningrad, au détriment de l'Allemagne, le sud de Sakhaline et les îles Kouriles du Sud enlevées au Japon. En outre, une succession d'accords bilatéraux officialise, avec quelques rectifications, les acquisitions consécutives au pacte germano-soviétique. En 1947, l'URSS atteint les frontières qu'elle conserve jusqu'à sa disparition.

Force est de constater qu'à de rares exceptions près, les peuples allogènes n'ont pas fait défection et ont lutté à côté des Russes contre les envahisseurs. Les quelques exceptions, vraies ou supposées, servent de prétexte à Staline pour organiser des déportations massives en Sibérie et en Asie centrale au fur et à mesure de la reconquête du territoire par l'Armée rouge, de décembre 1943 au printemps 1944 : Allemands de la Volga (par mesure préventive, ils sont déportés dès 1941), Tchétchènes, Ingouches, Tatars de Crimée, Kalmouks et d'autre encore. Les rectifications de frontières conduisent également à des déplacements massifs de populations. Ainsi, la région de Kaliningrad est vidée de sa population allemande et de nombreux Polonais installés en Ukraine doivent partir.

Après la mort de Staline en 1953, la déstalinisation conduit à la réhabilitation des peuples déportés et à l'autorisation du retour de certains d'entre eux dans leur région d'origine. Cependant, assez rapidement, la politique intérieure cesse tout mouvement, c'est la période de la stagnation sous la direction de Leonid Brejnev. Pendant ce temps, tous les efforts de l'URSS sont tournés vers la lutte idéologique contre l'Occident qui se traduit par une opposition systématique au Conseil de sécurité et de multiples conflits par procuration, toute opposition directe entre les deux camps étant interdite par le niveau de destruction potentielle résultant de la course aux armements, nucléaires principalement. Cette compétition idéologique et militaire avec l'Occident consomme une part importante de la richesse produite au détriment de la modernisation de l'outil de production et conduit à un affaiblissement de l'économie à un niveau tel que même du point de vue des autorités la situation est devenue intenable. Youri Andropov, le successeur de L. Brejnev, conscient de ce problème, commence à préparer des changements dans ce domaine ; cependant, la brièveté de son pouvoir ne lui laisse pas le temps de prendre les mesures qui s'imposent et son successeur, Konstantin Tchernenko ne prend aucune décision en ce sens. A sa mort, le besoin de réformes urgentes et importantes ne peut être dissimulé et conduit à l'élection de Mikhaïl Gorbatchev au poste de secrétaire général du Parti communiste de l'Union soviétique.

La Perestroïka qu'il instaure à partir de 1985 affaiblit la mainmise du PCUS sur le pays. Il en résulte une tentative de reprise en main avec le putsch du 19 août 1991 qui donne à Boris Eltsine, président de la RSFSR, qui s'y oppose, un nouvel élan dans sa lutte politique contre Mikhaïl Gorbatchev, alors président de l'URSS, et conduit à l'éclatement de celle-ci. Alors que depuis 1990, les républiques fédérées déclarent leur souveraineté puis leur indépendance les unes après les autres mais, sans reconnaissance internationale, c'est la disparition de l'URSS qui est officialisée par l'accord de Minsk signé le 8 décembre 1991 par les présidents russe, biélorusse et ukrainien. Elle est entérinée par le Soviet suprême le 26 décembre, le lendemain de la démission de Mikhaïl Gorbatchev de son poste de président de l'URSS. En fait, l'accord de Minsk est quasiment l'application de la préconisation exprimée par Alexandre Soljenitsyne en 1990 : « Voici donc comment je vois les choses : il faut d'urgence proclamer haut et clair que les trois républiques baltes, les trois républiques de Transcaucasie, les quatre[9] d'Asie centrale, et également la Moldavie, si elle est plus attirée par la Roumanie, que ces onze républiques – oui ! – sont destinées de façon absolue et irréversible à faire sécession »[10].

La Russie est donc une entité politique relativement récente dans l'histoire de l'Europe. Sans renier l'histoire des principautés qui ont existé auparavant et dans lesquelles elle prend sa source, on peut dater sa création en 1493 quand Ivan III, qui a réuni sous son autorité de nombreuses principautés prend le titre de souverain de toute la Russie. Comme la plupart des Etats européens, elle a continué à agrandir son territoire au détriment de ses voisins, toutefois, en raison de l'étendue de ses frontières, ces voisins étaient très différents les uns des autres par l'histoire, la culture, le mode de vie et donc, pour certains, des Russes eux-mêmes. De la sorte, elle est passée progressivement, et simultanément, de l'agrandissement de son territoire à la constitution d'un empire colonial qui avait la particularité d'avoir une continuité territoriale avec la métropole. Bien que les deux types d'extension territoriale se soient superposés jusqu'en 1947, la plupart des conquêtes survenues à partir du XIXe siècle peuvent être considérées comme étant de type colonial. Aussi la vision historique centrée sur le peuple russe n'est-elle pas partagée par tous les peuples qui constituaient l'URSS. Pour avoir une vision objective de la situation, nous allons examiner maintenant l'histoire propre des autres républiques soviétiques.

---

[9] Soljenitsyne exclut le Kazakhstan. Nous reviendrons sur ce point ultérieurement.
[10] A. Soljenitsyne, Comment réaménager notre Russie ? Ed. Fayard, Paris, 1990.

L'histoire propre
des anciennes républiques soviétiques

Les citoyens des Etats autres que la Russie issus de l'Union soviétique ont une autre vision de leur histoire que celle qui était diffusée par le régime soviétique car elle n'est pas exclusivement centrée sur les relations avec la Russie, même si celles-ci ont joué un rôle essentiel ; certains ont une histoire très ancienne, antérieure à l'existence même de la Russie. Il est indispensable de se référer à cette histoire pour bien comprendre les mentalités et la façon dont ont été perçues la conquête et la domination russes puis soviétique, perception qui conditionne les relations que ces nouveaux Etats veulent avoir, ou pas, avec la Russie.

On peut distinguer trois grandes régions : la première est constituée d'Etats souverains ou de territoires appartenant à des Etats voisins qui ont été conquis partiellement ou en totalité par la Russie dans son voisinage immédiat comme c'était le cas partout en Europe à l'époque, c'est précisément la partie européenne de l'URSS ; la seconde était depuis des siècles un enjeu entre les empires perse et ottoman, ce qui a donné un prétexte à la Russie pour intervenir, c'est la Transcaucasie ; la troisième, entièrement habitée par des populations très différentes sociologiquement et culturellement des Russes, a été conquise pour agrandir et protéger l'empire, c'est l'Asie centrale. Nous les examinerons dans cet ordre. Par souci de clarté, l'histoire des peuples qui appartiennent encore à la Russie est traitée dans un chapitre à part.

LA PARTIE EUROPÉENNE

Malgré quelques tentatives antérieures, la première réelle poussée vers le nord-ouest de la Russie a été menée par Pierre le Grand qui voulait étendre son accès à la mer Baltique. Ce faisant, il allait affronter son rival suédois qui dominait la région.

La première mention des Estes date de près de 2 000 ans ; elle est due à Tacite dans *De situ ac populis Germaniae*. Au Moyen Âge, ils doivent subir les incursions des Vikings. Encore païens à la fin du XIIᵉ siècle, ils sont l'objet de croisades menées par les Danois au nord et les chevaliers Porte-Glaive allemands, qui fusionnèrent avec les chevaliers Teutoniques en 1237, au sud ; Danois et Allemands coopèrent pour maintenir à distance les Russes qui ont fondé Dorpat (aujourd'hui Tartu) au XIᵉ siècle avant que la frontière orientale soit définitivement fixée après la victoire d'Alexandre Nevski sur le lac Peipous en 1242. En 1346, les Danois vendent leurs possessions aux chevaliers ; l'Estonie est intégrée dans le Saint Empire romain germanique. Les Estoniens, devenus catholiques (ils se convertissent au protestantisme avec la Réforme luthérienne prêchée à Tallinn en 1524), sont les serfs des seigneurs allemands. Pensant conquérir l'Estonie, Ivan le Terrible déclenche la guerre de Livonie en 1558 mais les autres puissances interviennent et en 1561 se partagent le pays : la Suède prend l'Estonie (partie nord de l'Estonie actuelle) et l'île de Dagö, le Danemark l'île d'Ösel, qu'il rétrocède à la Suède en 1645, et la Pologne la Livonie (qui inclut le sud de l'Estonie actuelle) qu'elle perd au profit de la Suède en 1629, perte qui sera entérinée par le traité d'Oliva en 1660 ; l'Estonie est alors entièrement sous domination suédoise.

Le territoire actuel de la Lettonie a été partagé pendant des siècles entre la Livonie et la Courlande. Au XIIIᵉ siècle, y vivaient des peuples païens, les Lives au nord (d'où le nom de Livonie), peuple finno-ougrien, les Koures à l'ouest (d'où le nom de Courlande), et à l'est les Lettes qui finissent par absorber les Koures, peuple du groupe baltique-slave comme eux.

Comme leurs voisins Estoniens, les Lettons subissent la croisade du début du XIIIᵉ siècle menée par Albert de Buxhœvden, qui fonde Riga en 1201, puis par les chevaliers Porte-Glaive. Les Lettons deviennent les serfs des féodaux allemands, appelés les barons baltes, alors que Riga devient une ville hanséatique importante. Au sud, les chevaliers se heurtent à la résistance des Lituaniens et la frontière fixée à l'époque reste celle d'aujourd'hui. Comme les Estoniens, les Lettons se convertissent au luthéranisme, en 1522, puis subissent les attaques d'Ivan le Terrible. Après l'intervention de la Suède, de la Pologne et de la Lituanie, la Livonie passe au royaume de Pologne en 1561 tandis que la Courlande reste propriété de l'ordre Teutonique sous suzeraineté polonaise. Dès lors la Lettonie est l'objet de convoitises concurrentes des Polonais, des Suédois et des Russes ; à partir de 1629, seule la Livonie intérieure (région de Daugavpils) échappe à la Suède. L'action des Jésuites pour y contrecarrer celle des pasteurs luthériens est menée avec succès et aujourd'hui encore on trouve beaucoup de catholiques dans la région ; leur action s'appuie sur un développement de la langue lettonne. En Courlande, les chevaliers Teutoniques ont créé une véritable dynastie, celle des Kettler ; par un hasard de l'histoire, la femme du dernier Kettler, Anna Ivanovna fille d'Ivan V, frère aîné de Pierre le Grand, devient tsarine de Russie de 1730 à 1740, les barons baltes de Courlande occupent alors des postes de premier plan en Russie sans qu'il y ait de lien politiques entre la Russie et la Courlande.

Pierre le Grand attaque les Suédois en 1700 et la victoire de Poltava en 1709 lui permet de s'emparer de l'Estonie et de la Livonie, annexion confirmée par le traité de Nystad en 1721. L'Estonie devient russe pour deux siècles et subit la brutale politique de russification menée dans tout l'empire à la fin du XIXe siècle. Cette russification a longtemps pu apparaître aux Estoniens comme une libération de la domination allemande sans qu'il y ait de pensée nationaliste derrière ce rejet des Allemands ; le mot *Saks* avait pour signification dominante « seigneur » avant de signifier « Allemand » et le mot « Estonien » n'a commencé à être utilisé que vers 1860, auparavant les paysans se désignaient sous le terme de *maarahvas* qui voulait dire « gens de la campagne ».

Pendant cette période, la Lituanie a une tout autre histoire, celle d'une grande puissance européenne.

Les Lituaniens sont un peuple du groupe baltique slave qui s'unit dès le XIIIe siècle sous la houlette de Mindaugas après qu'il eut défait les chevaliers Porte-Glaive en 1236 et mène déjà quelques conquêtes contre ses voisins slaves ; il se fait proclamer grand-duc puis sacrer roi de Lituanie par le pape Innocent IV en 1253 après s'être converti au catholicisme avec tout son peuple ; il adjure, cependant, le catholicisme vers la fin de son règne en 1262 et le pays redevient païen. Gediminas (1316 – 1341) établit sa capitale à Vilnius et incorpore à la Lituanie l'essentiel de la Biélorussie actuelle. Ses successeurs poursuivent l'expansion territoriale au sud par la conquête, en 1361, de la Volhynie, de la Podolie et de la région de Kiev, soit une grande partie de l'Ukraine occidentale et s'approchent à quelque 400 kilomètres de Moscou avec la prise de Briansk. Après un conflit avec l'ordre Teutonique, les Lituaniens se rapprochent des Polonais ; le grand-duc Jogaila épouse en 1386 Edwige, la reine de Pologne, se convertit au catholicisme et devient roi de Pologne sous le nom de Ladislas II Jagellon tout en demeurant souverain de Lituanie dont il confie la charge à son cousin Vytautas. Sous l'impulsion de celui-ci, la Lituanie connaît sa plus grande extension territoriale avec la conquête du Jédisan, région d'Odessa, sur les Tatars ; elle va alors de la Baltique à la mer Noire qu'elle borde du Dniestr au Dniepr et occupe l'essentiel de l'actuelle Ukraine à l'ouest du Dniepr. La Lituanie est alors peuplée d'une minorité de Baltes catholiques et d'une majorité de Slaves et de Ruthènes orthodoxes ; Vytautas ouvre également la Lituanie aux Juifs. Du XVe siècle à la fin du XVIIIe, l'histoire de la Lituanie se confond avec celle de la Pologne. Les Lituaniens sont assimilés par les Polonais, l'Union de Lublin (1569) met fin à l'existence de l'Etat lituanien indépendant qui devient une province polonaise.

Les partages de la Pologne vont changer la situation de cette partie de l'Europe. Avec celui de 1772, la Russie s'empare de la Livonie intérieure et donc de la totalité de la Lettonie. En 1795, le pays proprement lituanien devient russe, à l'exception des territoires situés sur la rive gauche du Niémen qui vont à la Prusse et ne deviennent russes qu'en 1815 ; les Russes assimilent les Lituaniens aux Polonais du fait de leur religion et de la très forte présence polonaise à Vilnius. Au cours du XIXe siècle, les Polonais de Lituanie font l'objet d'une répression impitoyable de la part du régime tsariste. La même politique de russification se fait sentir en Livonie intérieure et ce n'est qu'à la fin du XIXe siècle qu'elle est appliquée durement sur l'ensemble de la Lettonie. Les barons baltes en subissent plus les conséquences que les Lettons qui, eux, tirent profit de l'abolition du servage décrétée par Alexandre II en 1861. A la suite du développement du sentiment national, les extrémistes nationalistes réclament l'autonomie de la Lettonie à l'occasion de la Révolution de 1905 ce qui engendre une féroce répression.

Les partages de la Pologne vont avoir aussi pour conséquence l'acquisition par la Russie de la Biélorussie alors que cette dernière n'avait eu dans le passé que quelques liens épisodiques avec la Russie kiévienne et jamais avec la Russie moscovite.

S'il est établi que la région géographique sur laquelle s'étend la Biélorussie a été habitée par des Slaves à la même époque que le cœur de la Russie, le pays lui-même a peu existé comme Etat indépendant dans une configuration proche de l'actuelle Biélorussie avant le XXe siècle. La première principauté mentionnée sur une partie du territoire de la Biélorussie est la principauté de Polotsk signalée au IXe siècle, nation commerçante prospère entre la Russie kiévienne et la Scandinavie, sa puissance lui permet de soumettre les principautés voisines, s'approchant ainsi des frontières de l'actuelle Biélorussie ; au cours des Xe et XIe siècles, elle passe progressivement sous la suzeraineté de la Russie kiévienne dont elle s'affranchit au cours du XIIe siècle. Cependant, menacée par les invasions mongoles, elle se place sous la protection du Grand-duché de Lituanie dont elle finit par devenir vassale en 1240 et est absorbée par celui-ci en 1307. Les Lituaniens laissent beaucoup de droits à ces sujets appelés alors Ruthènes (et la région Ruthénie). C'est ainsi que la langue slave, à l'époque proche du slavon, est la langue officielle du Grand-duché jusqu'en 1696 ; elle est alors remplacée par le polonais. La langue évolue indépendamment du russe et de l'ukrainien pour former le biélorusse actuel. De même, la religion orthodoxe est respectée. Celle-ci avait été apportée par Rodnega, fille du seigneur de Polotsk, enlevée et épousée de force par Vladimir, le prince de Kiev, qui la répudie ainsi que ses autres femmes quand il se convertit au christianisme ; elle retourne alors à Polotsk. Le traité de Lublin, en 1569, qui scelle l'union de la Pologne et de la Lituanie, fait passer la Biélorussie sous l'influence polonaise puis progressivement sous sa domination avec l'arrivée de Polonais dans les villes. Par ailleurs, la religion devient également une source de conflit entre les Ruthènes et les Polonais ; catholiques, ceux-ci luttent vigoureusement contre l'influence de la Réforme qui s'étend et, dans un même élan convertissent les orthodoxes. En 1596, les responsables religieux ruthènes signent l'Union de Brest qui consacre la rupture avec Constantinople des orthodoxes du royaume polono-lituanien et leur entrée dans l'Eglise catholique tout en conservant le rite byzantin ; c'est la naissance de l'Eglise uniate. A partir du milieu du XVIIe siècle, la région devient le théâtre de guerres opposant la Russie, la Suède et la Pologne, entraînant d'importants dommages pour le pays. En 1658 est créée la République tripartite de Pologne-Lituanie-Ruthénie, comprenant le Duché de Ruthénie, ce traité n'est cependant pas appliqué. A l'occasion des différentes guerres, l'influence de la Russie se fait de plus en plus pressante.

En 1772, Polotsk, Vitebsk, Moghilev, Gomel et les terres situées à l'est de la Daugava et du Dniepr sont rattachées à la Russie ; en 1793, c'est le tour de celles situées à l'est d'une ligne Daugavpils-Rovno, incluant donc Minsk ; le reste de la Ruthénie, avec Grodno et Brest-Litovsk, devient russe en 1795 ; les partages de la Pologne ont donc progressivement rattaché la Biélorussie à la Russie. Commence alors la russification du pays ; pour les autorités tsaristes, les Biélorusses n'existent pas et leur territoire porte le nom de Russie occidentale. Le pays subit les destructions de la campagne de Russie de Napoléon au cours de laquelle les Biélorusses se montrent souvent favorables à celui-ci, en particulier pour l'abolition du servage. Après la défaite de Napoléon, les Russes reprennent le contrôle d'un pays dévasté. Au cours du XIXe siècle, la politique de russification est poursuivie : l'enseignement du polonais est progressivement interdit et en 1839, l'Eglise ruthène est rattachée d'autorité au Patriarcat de Moscou ; la culture russe s'implante alors par le biais de la religion orthodoxe. Une médaille frappée à cette occasion porte l'inscription « Séparés par la violence (1596), réunis par l'amour (1839) » ; en 1867, toute publication en biélorusse est interdite. La Biélorussie est alors une terre d'exil où les tsars envoient les Juifs de l'empire, qui représentent 20 % de la population au début du XXe siècle alors que les Polonais n'en représentent que 5 %. Une intelligentsia biélorusse s'efforce de faire renaître la culture biélorusse et un mouvement autonomiste est fondé en 1902. La Biélorussie est un pays essentiellement agricole dont le début de l'industrialisation à la fin du XIXe siècle conduit plus à l'arrivée de Russes dans les villes qu'à un exode rural des populations locales, il y a peu d'ouvriers biélorusses.

Si l'expansion de la Russie vers le nord-ouest est le résultat de guerres contre les puissances européennes que sont la Suède et la Pologne, son expansion vers le sud-ouest est celui des conflits contre l'Empire ottoman.

Le peuple moldave, dont l'histoire est ancienne, a des origines mélangées ; dans l'Antiquité, la région est habitée par des Thraces, des Gètes et des Daces avant de passer sous influence romaine, sans toutefois faire partie de l'Empire. Cette romanisation va perdurer malgré l'influence de nombreux peuples qui passent et se mélangent aux autochtones, Slaves, Hongrois, Tatars, Turcs…

Au XIVe siècle, la région est partagée entre des seigneurs féodaux, les voïvodes, qui ont des suzerains différents, les Hongrois, les Ruthènes, les Tatars. En 1359, Bogdan, l'un des voïvodes, unit plusieurs fiefs entre les Carpates, le Dniestr et la mer Noire et devient le souverain de la principauté de Moldavie que les Hongrois échouent à reconquérir. En jouant sur les rivalités de ses adversaires et par ses propres forces, la Moldavie conserve son indépendance aux XIVe et XVe siècles mais doit négocier durement avec l'Empire ottoman, lui payer tribu et céder plusieurs ports à la fin du XVe siècle. La pression ottomane se fait de plus en plus sentir, les Ottomans intervenant dans le système de monarchie élective, et en 1538 la principauté devient vassale de l'Empire à qui elle doit céder le comté de Bender. Les Moldaves sont partie prenante dans les guerres qui opposent les Ottomans aux empires du nord, Russie et Autriche, parfois à leur côté, cependant, ils voient de plus en plus dans les Russes, orthodoxes comme eux, ceux qui pourront les libérer du joug ottoman ; un premier pas est franchi avec le traité de Koutchouk Kaïnardji en 1774 qui met fin à la guerre russo-turque débutée en 1768 et qui désigne les Russes comme protecteurs des chrétiens de l'Empire ottoman ; parallèlement, en 1775, l'Autriche reçoit le nord de la Moldavie, la Bucovine, pour l'aide apportée à l'Empire ottoman pendant cette guerre. Enfin, il cède le Jedisan à la Russie par le traité d'Iassy de 1792 ; Catherine II décide alors de transformer les territoires compris entre le Boug et le Dniestr en colonie de peuplement par l'envoi de Russes.

Plusieurs guerres russo-turques au début du XIXe siècle permettent aux troupes russes d'entrer en Moldavie. Par le traité de Bucarest de 1812, la Russie reçoit la partie de la Moldavie située à l'est du Prout ainsi que le Boudjak situé entre la Moldavie et la mer Noire ; elle en fait la province de Bessarabie et y rétablit le servage qui avait été aboli en 1749, il faut attendre 1861 et son abolition définitive par Alexandre II pour qu'il disparaisse. L'Empire des tsars commence la russification de la Bessarabie qui dure pendant tout le XIXe siècle avec, notamment, des échanges de population, des Moldaves étant exilés dans la partie orientale de l'empire pendant que des Russes et des Ukrainiens sont incités à s'installer dans la province. Après la guerre de Crimée, la Russie vaincue doit, par le traité de Paris (1856), céder à la Moldavie le sud de la Bessarabie qu'elle récupère cependant en 1878 par le traité de Berlin. En 1859, ce qui reste de la Moldavie fusionne avec la Valachie pour constituer la Roumanie, avec le soutien de Napoléon III.

La Première Guerre mondiale va changer le cours de l'histoire de toute l'Europe orientale : les troupes allemandes s'emparent rapidement de l'Estonie, de la Lettonie, de la Lituanie et de la plus grande partie de la Biélorussie que la Russie cède à l'Allemagne par le traité de Brest-Litovsk (3 mars 1918), que le gouvernement bolchevik, profitant de l'armistice du 11 novembre, dénonce dès le 13 avant de lancer ses troupes à la reconquête des Etats baltes qui ont proclamé leur indépendance. Soutenus par la flotte britannique et des volontaires finlandais, les Estoniens les repoussent et finalement par le traité de Tartu (2 février 1920) la Russie reconnaît l'indépendance du pays qui gagne la rive droite de la Narva et le district d'Izborsk au sud du lac de Pskov. L'Estonie connaît alors la première indépendance de son histoire. En Lettonie, les troupes allemandes restées sur place avec l'accord des alliés s'opposent à l'Armée rouge avec l'appui de la flotte britannique avant de jouer leur propre jeu. Le 11 août 1920, le traité de Riga entérine l'indépendance de la Lettonie à laquelle la Russie cède un territoire à la frontière nord-est, au sud du lac de Pskov. C'est la première fois qu'existe réellement un Etat letton. La situation est plus compliquée en Lituanie du fait des prétentions polonaises et parce que le pays est, en partie, le théâtre de la guerre polono-russe, la Pologne cherchant à rétablir ses frontières de 1772, voire à créer la Fédération d'entre les mers, chère au maréchal Pilsudski, père de l'indépendance polonaise et principal dirigeant de la deuxième république polonaise, qui aurait impliqué une Ukraine indépendante. Le 12 juillet 1920, les Russes signent avec les Lituaniens le traité de Moscou qui reconnaît l'indépendance de la Lituanie et lui rétrocèdent Vilnius, toutefois, une nouvelle offensive des Polonais leur permet de se placer entre les deux parties, la confrontation devient polono-lituanienne. Alors que l'accord de Suwalki, signé en 1920 sous l'égide de la SDN, reconnaît l'appartenance de Vilnius à la Lituanie, les Polonais proclament une « Lituanie centrale » qui est incorporée à la Pologne en janvier 1922. Le gouvernement lituanien, installé à Kaunas, refuse de reconnaître cette annexion qui est pourtant entérinée en 1923 par les alliés et la SDN ; une des conséquences en est la suspension des relations diplomatiques entre la Pologne et la Lituanie jusqu'en 1938. Le 19 janvier 1923, les Lituaniens s'emparent de Klaïpeda (Memel) qui avait été détachée de l'Allemagne et placée sous administration de la SDN par le traité de Versailles ; la ville elle-même est essentiellement peuplée d'Allemands alors que la campagne l'est par des Lituaniens ; cette annexion est entérinée le 8 mai 1924 par la Conférence des ambassadeurs regroupant les principaux signataires du traité de Versailles.

Le 25 mars 1918 une République populaire biélorusse est proclamée à Minsk, sans grand écho car elle ne parvient pas à contrôler le territoire. Les bolcheviks, qui, pas plus que les tsars, ne conçoivent une Biélorussie indépendante, proclament la République socialiste soviétique de Biélorussie le 1er janvier 1919. Elle est alors, comme les régions voisines de Lituanie et d'Ukraine, l'objet de la guerre entre la Russie et la Pologne alors que dans le même temps, les bolcheviks veulent pousser vers l'ouest pour appuyer les révolutions en Europe. Cette guerre se solde par l'établissement d'une frontière à l'ouest de Minsk qu'entérine le traité de Riga du 18 mars 1921 et donc du partage de la Biélorussie entre la Pologne et la Russie ; la Biélorussie soviétique est constituée d'un petit territoire autour de Minsk et de Bobruisk. Le 30 décembre 1922, le Ier Congrès des soviets de l'Union entérine le traité d'Union entre les Républiques soviétiques de Russie, d'Ukraine, de Biélorussie et de Transcaucasie, l'URSS est née. Après une réhabilitation initiale de la langue biélorusse, l'administration mène, sous l'impulsion de Staline, une russification de la Biélorussie par le biais de la scolarisation et de l'usage exclusif de la langue russe. Malgré la création d'une république soviétique de plein exercice, l'élite biélorusse est décimée par les purges staliniennes tandis que les Polonais mènent, de leur côté, une politique de polonisation par crainte d'un développement nationaliste qui pourrait conduire à des revendications sécessionnistes. La Biélorussie n'étant pas viable économiquement, la Russie lui rétrocède en 1924 et 1926 les régions de Polotsk, Vitebsk et Moghilev puis Gomel. Le pays trouve alors sa frontière orientale actuelle qui correspond sensiblement à celle qui séparait la Pologne de la Russie en 1772 et à celle de la Russie avec le Grand-duché à la fin du XVIe siècle ; quant à sa frontière avec l'Ukraine, c'est sensiblement celle qui séparait le Grand-duché de la Pologne également à la fin du XVIe siècle. La Biélorussie est donc établie sur des territoires qui furent polonais et lituaniens et ne furent russes qu'au bénéfice du partage de la Pologne et jamais ukrainiens.

Saisissant l'opportunité de la Révolution de 1917 et de la déclaration de peuples de l'empire à s'autodéterminer, la Bessarabie proclame le 2 décembre 1917 la République démocratique autonome de Moldavie. Après des tentatives de reprises en main par les bolcheviks et l'intervention de troupes roumaines aidées par des Français, l'indépendance de la République démocratique moldave est proclamée le 6 janvier 1918, cependant, inquiet de la menace que font peser les bolcheviks, le parlement vote son rattachement à la Roumanie le 27 mars 1918 ce qui est entériné par le traité de Saint-Germain en Laye de 1919 que la Russie refuse de reconnaître. Quoiqu'en dise plus tard l'historiographie soviétique, la Bessarabie est la région la moins développée économiquement de la Roumanie, seule

Chisinau ayant vraiment profité de l'action russe pour son développement.

Une fois la situation intérieure stabilisée, l'URSS veut reprendre sa domination sur les Etats baltes, avec lesquels elle signe des accords diplomatiques : le 4 mai 1932, un pacte de non-agression avec l'Estonie qui est complété par un pacte d'assistance mutuelle le 28 septembre 1939 ; le 5 février 1932, un pacte de non-agression avec la Lettonie qui est complété par un pacte d'assistance mutuelle le 5 octobre 1939 ; en 1934, un pacte de non-agression avec la Lituanie. Toutefois, c'est le Pacte germano-soviétique du 23 août 1939 et ses protocoles secrets qui vont être l'élément décisif. Ils placent l'Estonie, la Lettonie et la Lituanie (cette dernière, le 28 septembre en échange de territoires polonais) dans la sphère d'intérêt de l'URSS. Elle envahit l'Estonie et la Lettonie en juin 1940 puis en août, les annexe en qualité de républiques socialistes soviétiques. Les frontières orientales redeviennent celles d'avant 1920 et la minorité allemande est déportée en Allemagne alors que de nombreux partisans de l'ancien régime le sont en Sibérie. De ce fait, l'occupation allemande en 1941 est vécue comme une libération par une part de la population et le retour sous la domination soviétique en 1944 se traduit par de nouvelles déportations et exécutions dont le total se chiffre à plusieurs centaines de milliers. Le processus est très voisin en Lituanie, alors que le IIIe Reich l'a déjà contrainte à restituer Memel le 20 mars 1939, le 10 octobre, l'URSS signe avec elle un pacte d'assistance mutuelle et le 27 octobre cède, en échange de bases militaires, Vilnius prise à la Pologne ; après l'entrée des troupes soviétiques, la Lituanie est annexée le 3 août 1940 et les exécutions et déportations commencent. En 1941, les troupes allemandes s'emparent de la Lituanie en quelques jours, avec une certaine coopération de la part des Lituaniens opposés aux Soviétiques. Cette occupation se manifeste par l'épuration des Juifs qui fera près de 200 000 victimes. Le retour des Soviétiques en 1944 entraîne de nouvelles exécutions et déportations mais ne met pas fin aux combats contre les maquis nationalistes qui poursuivent la résistance jusqu'au début des années cinquante. Au total, la période 1939 – 1953 a fait plus d'un demi-million de victimes. Malgré la perte de son indépendance pendant 50 ans, la Lituanie est le seul des Etats baltes à avoir retiré un bénéfice substantiel de son annexion par l'URSS ; cette parenthèse de l'histoire lui a permis de récupérer sa capitale historique, Vilnius, qui fait partie des territoires arrachés à la Pologne par l'Union soviétique.

Pour la Biélorussie, le Pacte germano-soviétique se traduit par une réunification, la partie orientale de la Pologne lui étant rattachée, alors que les élites polonaises sont systématiquement déportées. Le pays est de nouveau ravagé pendant la Seconde Guerre mondiale au cours de laquelle il perd un quart de sa population en raison des exterminations et des déportations menées d'un côté comme de l'autre ; l'essentiel de la population juive disparaît pendant le conflit. De plus, son économie est ruinée et les principales villes très largement détruites. Les forêts favorisent le développement d'une guerre de partisans, contre les Allemands de 1941 à 1944 et contre le pouvoir soviétique de 1945 à 1957. L'accord polono-soviétique du 16 août 1945 fixe la frontière orientale de la Pologne. En ce qui concerne la Biélorussie, elle suit à peu près le tracé de la ligne Curzon considérée (sauf par les Polonais) dès 1919 comme étant la limite ethnique imposée par les vainqueurs. Les Soviétiques n'obtiennent pas la région de Bialystok qu'ils revendiquent mais officialisent leurs conquêtes de 1939. La Biélorussie est membre fondateur de l'ONU au même titre que la Russie et l'Ukraine.

Le Pacte germano-soviétique va également avoir des conséquences au sud-ouest ; s'appuyant sur lui, l'URSS occupe la Bessarabie et la Bucovine du Nord en juin 1940 et crée, le 2 août, la République socialiste soviétique de Moldavie qui comprend la Bessarabie amputée du Boudjak et la RSSA de Moldavie, créée en 1924 au sein de l'Ukraine ; Staline applique ici aussi sa politique de mélange des nationalités, la population de la RSSA de Moldavie étant majoritairement composée de Russes et d'Ukrainiens jugés plus sûrs que la population anciennement roumaine. Ces territoires sont reconquis temporairement par la Roumanie appuyée par le IIIe Reich de 1941 à 1944. Après la reprise de contrôle par l'URSS, la frontière avec la Roumanie est fixée par le traité de Paris de 1947. Entre 1940 et 1950, la Moldavie perd un tiers de sa population du fait du renvoi des Allemands en Allemagne, des massacres de Juifs, des déportations vers d'autres parties de l'URSS, des exécutions par les deux parties en conflit et des victimes de famines.

Après la guerre, Staline mène une intense politique de russification de cette partie occidentale de l'Union ; dans les républiques baltes, il implante de nombreux complexes industriels et fait accompagner cette industrialisation par un afflux de population russe en Estonie et en Lettonie, cadres, techniciens et ouvriers qualifiés. Dans cette dernière, cette politique entraîne des frictions durables avec la population locale qui conduisent Khrouchtchev à purger le parti communiste letton qu'il accuse de « latvianisation ». Cette politique favorise la renaissance de mouvements nationalistes clandestins : sous Brejnev ; ils s'organisent en Estonie, leur action étant facilitée par la réception et la compréhension des émissions de radio et de télévision finlandaises. En Lituanie, la répression soviétique se traduit par une vigoureuse campagne antireligieuse qui se poursuit sous Khrouchtchev ; de ce fait, le nationalisme lituanien se confond avec la défense de la foi catholique et se manifeste régulièrement pendant toute la période soviétique. Cette politique de russification de la population est également menée en Biélorussie dont le relèvement est assuré par une industrialisation accélérée qui conduit à un important apport de population russe. En Moldavie, c'est notamment sous la férule de Leonid Brejnev, premier secrétaire du PC moldave de 1950 à 1952, que cette politique est menée ; tout est fait pour effacer les traces du passé en appelant moldave ce qui était roumain et en imposant l'alphabet cyrillique. Cette politique perdure après la mort de Staline.

Au plan économique, la politique de Staline a permis aux républiques du nord-ouest d'atteindre un niveau supérieur aux autres républiques dans le domaine de la production de biens de consommation. Dans les années quatre-vingts, alors que la crise économique frappe durement l'URSS, cette situation conduit de nombreux Russes à « exporter » ces biens vers le reste de l'Union ; c'est ainsi les bureaux de poste de Riga expédient 12 tonnes de colis en novembre 1988.

La conquête de ces territoires par la Russie puis par l'URSS n'a pas tous les caractères de la colonisation en ce sens qu'ils ont été inclus dans le pays et les nouveaux habitants en sont devenus des citoyens. Toutefois, l'interdiction ou les freins au développement des cultures et langues locales s'apparente à elle. Enfin, les déplacements de populations ont marqué une colonisation humaine, tout particulièrement en Estonie et en Lettonie.

La Transcaucasie

L'histoire de la Transcaucasie est caractérisée par la présence de deux Etats, la Géorgie et l'Arménie, qui ont existé pendant plusieurs siècles et dès avant la naissance de la Russie elle-même. Cette région a été au centre des luttes entre les grands empires environnants, qu'ils soient romain, grec, ottoman, perse et enfin russe.

L'histoire de la Géorgie, comme toute celle de la Transcaucasie, est rythmée par les invasions successives. Il faut noter la première invasion des Perses vers 500 avant J.-C. A partir de là se succèdent des royaumes alternant indépendance et soumission aux empires voisins (Perse, Macédoine, Byzance, Rome), les principaux furent l'Ibérie au centre et la Colchide sur les rives de la mer Noire qui, selon Cyrille Toumanoff, constitue le premier royaume géorgien (IIIe siècle avant J.-C. – VIe siècle) : la Géorgie est donc l'un des Etats actuels les plus anciens. C'est à cette époque qu'est inventé le premier alphabet géorgien, en 412 avant J.-C., qui subit plusieurs transformations avant d'aboutir à l'alphabet moderne établi au XIe siècle. L'Ibérie finit par absorber la Colchide. Après le baptême du roi Mirvan III en 337 et la création d'un Catholicossat d'Ibérie et donc l'introduction du christianisme, elle s'allie à Byzance puis passe sous la domination des Arabes au VIIe siècle mais s'oppose à l'islamisation en refusant d'adopter l'islam comme religion d'Etat, puis partiellement sous la domination du royaume d'Abkhazie auquel elle s'était alliée pour chasser les Arabes. L'âge d'or de la Géorgie commence avec le règne de David IV le Reconstructeur (1089 – 1125) qui expulse un nouveau venu, l'empire seldjoukide, et, définitivement, les Arabes à qui il reprend Tbilissi (Tiflis sous la domination arabe), et conquiert l'Arménie. Cet âge d'or prend fin au XIIIe siècle avec l'invasion mongole qui conduit à la partition de la Géorgie en plusieurs royaumes et principautés. Dès lors et jusqu'en 1810, l'histoire de la Géorgie peut se résumer à une succession de tentatives de réunification des trois entités principales, le Kartli, l'Iméréthie et la Kakhétie, et de lutte contre les invasions et les empires voisins, dont en 1564, une incursion d'Ivan le Terrible en Kakhétie qui n'eut pas de suite.

En 1762, Héraclius, roi de Kakhétie unifie la Géorgie orientale en créant le royaume de Kartli-Kakhétie et change le cours de l'histoire géorgienne en signant en 1783 avec l'Empire russe de Catherine II un traité de protection et de coopération militaire bilatérale à Gueorguievsk. La Russie ne respecte pas les engagements qu'elle avait souscrits dans ce traité lors de l'attaque perse de 1795 ; toutefois, en 1801, Alexandre Ier annexe le royaume de Kartli-Kakhétie et en fait une province russe. L'empire tsariste poursuit alors son expansion dans le Caucase, y compris hors de la Géorgie historique. En 1804, l'Iméréthie devient un protectorat russe avant d'être annexée à son tour en 1810. C'est ensuite le tour des principautés géorgiennes autonomes (Abkhazie, Svanétie…). La Géorgie est de nouveau unie, cette fois sous la domination de la Russie qui crée une vice-royauté du Caucase dont le centre administratif est à Tbilissi. Toutefois, la domination russe ne met pas fin au nationalisme géorgien construit sur une longue histoire et renforcé par une Eglise orthodoxe longtemps autocéphale et une culture propre. De ce fait, tout au long du XIXe siècle éclatent des révoltes sporadiques.

Simultanément au développement de la Géorgie se déroule celui de l'Arménie dont le territoire a largement dépassé la zone de la Transcaucasie à certaines époques.

L'origine des Arméniens est controversée ; pour les uns il s'agit d'un peuple autochtone, pour d'autres, d'un peuple qui nomadisait entre l'Anatolie et la Caspienne. Toujours est-il que quand, sous la conduite du héros légendaire Haik, ils s'installent dans la région du lac de Van (dans la partie orientale de l'actuelle Turquie) au début du 1er millénaire avant J.-C., la région est occupée par les Ourartéens. Vers le milieu du 1er millénaire avant notre ère, l'Arménie fait partie de la Perse achéménide. En 331 avant J.-C., elle passe sous le contrôle d'Alexandre le Grand puis en 190 avant J.-C., le satrape Artaxias se proclame roi d'Arménie et la dynastie des Artaxiades règne jusqu'au début du Ier siècle. Sous le règne de Tigrane II le Grand, le royaume devient une puissance régionale majeure qui s'étend de la Méditerranée à la Caspienne puis il passe sous influence romaine jusqu'en 34 avant J.-C. L'Arménie est disputée pendant plusieurs siècles par les Romains et les Parthes puis les Perses sassanides. En 301, alors que les chrétiens gagnent en influence sous la conduite du catholicos Grégoire Ier l'illuminateur, le roi Tiridate IV se convertit au christianisme qu'il décrète religion d'Etat, faisant de l'Arménie le premier Etat chrétien de l'Histoire. En 384, la partie occidentale du royaume devient province romaine alors que la partie orientale est un royaume vassal des Sassanides ; en 428, la noblesse locale se révolte et renverse le roi, les Sassanides installent un gouverneur à sa place, le royaume d'Arménie disparaît après près de 600 ans d'existence. En 405, Mesrop crée l'alphabet arménien qui va renforcer la spécificité religieuse et culturelle de l'Arménie, ce qui interdit aux Sassanides de réintroduire le mazdéisme dans le pays.

Au VIIe siècle, elle passe progressivement sous la domination arabe. Toutefois, de nombreux Arméniens se retrouvent dans l'Empire byzantin en raison d'une politique de déplacement de population destinée à la protéger. C'est ainsi qu'est créé le royaume arménien de

Cilicie sur les rives de la Méditerranée, qui est indépendant de fait entre 1078 et 1375. D'autres royaumes arméniens existent par intermittence sous la férule des Bagratides et des Zakarides. Ils doivent faire face à l'Empire byzantin, aux Seldjoukides et s'allient aux Géorgiens à la fin du XIIe siècle pour libérer le nord de l'Arménie. Le pays est également ravagé par les Mongols au XIIIe siècle et par Tamerlan au XIVe. Tous ces conflits vont entraîner une importante émigration des Arméniens très largement au-delà de leurs zones d'habitat historique.

A partir de la fin du XVe siècle, l'Arménie devient le champ de bataille de l'Empire ottoman et de l'Empire perse ; la frontière n'est fixée qu'en 1639. Alors que dans la partie perse de nombreux Arméniens du Nakhitchevan sont déportés vers Ispahan, les autres, dans l'Empire ottoman, jouissent du statut de dhimmis (protégés) et constituent une nation reconnue par le sultan. Toutefois, cette protection est très fluctuante et les territoires arméniens voient grossir le nombre de musulmans, qu'ils soient Turcs ou Kurdes. Les sultans créent un patriarcat arménien de Constantinople.

A la fin du XIXe siècle, alors que l'Empire ottoman est affaibli par ses défaites face aux Russes, les Arméniens manifestent pour obtenir davantage de droits et pour protester contre les attaques dont ils sont victimes de la part d'irréguliers kurdes. En 1894, les Arméniens se révoltent à Sassoun ; il en résulte des massacres organisés par le sultan Abdülhamid II qui durent jusqu'en 1896 et font environ 300 000 morts. De nouveaux massacres, organisés par le mouvement jeunes-Turcs sont perpétrés à Adana en 1909. Le pire est cependant à venir. En 1915, prétextant de ce que la défaite de l'armée turque face aux Russes est due à la désertion de soldats arméniens, le gouvernement turc veut régler définitivement la question arménienne et organise le génocide de ce peuple qui fait plus d'un million de victimes. Les Russes auront alors beau jeu de se présenter en protecteurs des Arméniens.

En 1916, l'armée russe s'enfonce profondément en Arménie et les Russes recueillent les réfugiés arméniens fuyant l'Empire ottoman. En avril 1917, le gouvernement de Kerenski, qui a créé un Comité spécial de Transcaucasie, permet aux réfugiés arméniens de retourner chez eux. A cette époque, les deux plus grandes villes arméniennes sont Tbilissi et Bakou.

A la différence de ses deux voisins, l'Azerbaïdjan n'a pas réellement d'histoire étatique ; elle est surtout marquée par une lutte permanente entre les empires voisins perse et ottoman. L'Azerbaïdjan perse doit son nom au général Atropates qui proclame l'indépendance de cette province en 328 avant J.-C., au moment de la conquête de la Perse par Alexandre le Grand. Ultérieurement, ce royaume est intégré à la Perse des Arsacides, puis des Sassanides et conquis par les Arabes en 639. Cependant, les territoires compris entre l'Araxe et la Koura font partie de la Grande Arménie. Au début du XIe siècle, les Turcs seldjoukides occupent toute la région et les peuples deviennent turcophones. Les Azéris actuels sont donc le résultat d'une fusion des peuples du Caucase oriental sous l'égide des Turcs, et sont très différents des Azéris iraniens dont ils partagent cependant la langue et la religion (islam chiite). A la fin du XVe siècle, les Perses séfévides conquièrent la Transcaucasie puis sont défaits par les Ottomans à la bataille de Tchaldiran en 1514. Ensuite le sort de la région alterne en fonction des victoires militaires successives des Perses ou des Ottomans jusqu'à ce que la frontière entre les deux empires soit fixée en 1639.

Après des conquêtes éphémères de Bakou en 1723 et 1796, c'est au début du XIXe siècle que l'Empire russe conquiert des terres arméniennes et azéries d'abord aux dépens de la Perse ; la guerre russo-persane de 1804-1813 lui permet de conquérir la partie orientale de la Transcaucasie ; le traité de Golestan (1813) lui attribue tous les territoires situés au nord de l'Araxe qui couvrent partiellement le Daghestan, la Géorgie, l'Azerbaïdjan et quelques territoires arméniens, dont le Haut-Karabakh ; en outre, la Perse perd le droit de naviguer sur la Caspienne où seule la Russie est autorisée à stationner une flotte militaire. Une nouvelle guerre en 1826-1828 se conclut par le traité de Turkmanchaï qui cède à la Russie les khanats d'Erevan et du Nakhitchevan.

Dans la foulée de la Révolution d'octobre, les peuples transcaucasiens créent un Commissariat transcaucasien le 15 novembre 1917 puis un parlement transcaucasien le 23 février 1918 qui, le 22 avril, proclame l'indépendance de la République démocratique fédérative de Transcaucasie regroupant l'Arménie, l'Azerbaïdjan et la Géorgie ; toutefois, cette dernière quitte la fédération en mai, entraînant sa dissolution le 26 de ce mois.

Le 28 mai 1918 est proclamée la République démocratique d'Azerbaïdjan. Il s'ensuit une guerre avec l'Arménie qui, alliée au général blanc Denikine, tente de conquérir le Haut-Karabakh. La défaite de Denikine met fin au conflit au moment où l'Armée rouge entre en Azerbaïdjan. Le 28 avril 1920 est proclamée la République socialiste soviétique d'Azerbaïdjan.

Pendant ce temps, l'Arménie doit faire face aux revendications de l'Empire ottoman. Le traité de Brest-Litovsk prévoit la rétrocession à la Turquie des territoires gagnés sur l'Empire ottoman lors du congrès de Berlin. L'armée turque passe à l'offensive et bouscule les forces transcaucasiennes ; fin mai, les Arméniens stoppent l'avance turque à la bataille de Sardarapat et signent, le 4 juin 1918, avec la Turquie le traité de Batoumi qui leur laisse un territoire minuscule sur lequel ils proclament leur indépendance le 28 juin 1918. Le gouvernement quitte Tbilissi pour Erevan. L'armistice de Moudros du 30 octobre 1918 marque la capitulation de la Turquie. Il s'ensuit une reconfiguration de la Transcaucasie : une courte guerre oppose la Géorgie et l'Arménie au sujet de Lorry qui engendre une importante émigration des Arméniens de Géorgie. L'Arménie récupère la province de Kars puis, à la suite d'un arbitrage britannique, le Nakhitchevan mais doit y renoncer face à l'opposition des musulmans locaux. Le Zanguezour et le Haut-Karabakh sont attribués à l'Azerbaïdjan. Toutefois, les Arméniens s'opposent avec succès à l'ingérence des Azerbaïdjanais dans le Zanguezour alors qu'à la suite de massacres en 1920, ils doivent accepter le contrôle du Haut-Karabakh par l'Azerbaïdjan, avec le statut d'entité autonome, après l'intervention de l'Armée rouge consécutive à la prise du pouvoir par les bolcheviks à Bakou. L'Arménie participe à la Conférence de la Paix à Paris et obtient que le traité de Sèvres stipule que la Turquie reconnaît l'Arménie comme un Etat libre et indépendant. Cependant, peu soutenus par les Alliés occidentaux, les Arméniens entament des discussions avec la Russie qui, de son côté, discute avec la Turquie. Il en résulte une nouvelle guerre arméno-turque qui se termine par une défaite arménienne et la signature du traité d'Alexandropol (2 décembre 1920) par lequel l'Arménie doit renoncer aux frontières du traité de Sèvres signé quelques mois auparavant. Les bolcheviks prennent le pouvoir à Erevan et le 29 novembre 1920 instaurent la République socialiste soviétique d'Arménie.

Le 26 mai 1918, la Géorgie a retrouvé sa totale indépendance, perdue depuis plus de 400 ans, sous le nom de République démocratique de Géorgie qui se place sous la protection allemande pour résister à la pression ottomane mais doit céder des territoires principalement habités par des musulmans (Batoumi, Ardahan…) et ne peut résister à l'avancée des bolcheviks en Abkhazie. Après de vaines tentatives d'invasion de l'Armée rouge, le pouvoir bolchevik reconnaît l'indépendance de la Géorgie par le traité de Moscou (7 mai 1920), cependant, la Russie pousse l'Abkhazie et l'actuelle Ossétie du Sud à faire sécession. A l'instigation de deux Géorgiens, Joseph Vissarionovitch Djougachvili, dit Staline, et Grigori Ordjonikidzé, l'Armée rouge envahit la Géorgie et proclame la République socialiste soviétique de Géorgie le 25 février 1921, il faut, toutefois, encore trois ans avant que le pouvoir soviétique soit véritablement établi.

La création des trois républiques socialistes soviétiques transfère de fait à la Russie le règlement des questions territoriales avec la Turquie. Le traité de Kars signé le 13 octobre 1921 entre la Turquie d'une part et les républiques soviétiques de Géorgie, d'Azerbaïdjan et d'Arménie d'autre part, annule tous les traités antérieurs (y compris donc le traité de Sèvres) à l'exception du traité turco-russe signé à Moscou le 16 mars ; il reconnaît l'autonomie de la province de Batoumi (Adjarie) et fixe la frontière entre la Géorgie et la Turquie ; avec des cessions de territoires à la Turquie, à l'Arménie, à l'Azerbaïdjan et à la Russie, la Géorgie perd un tiers de son territoire ; le Nakhitchevan est rattaché à l'Azerbaïdjan avec un statut d'autonomie. Le traité de Moscou, qui reste donc toujours valable, interdit la cession du Nakhitchevan à un Etat-tiers (sous-entendu l'Arménie). En outre, lors de la négociation de ce traité, la Russie, afin de s'assurer du port de Batoumi, fait à la Turquie des concessions territoriales aux dépens de l'Arménie qui vont au-delà du traité de Brest-Litovsk.

Vont alors se succéder une série de modifications administratives : la République socialiste soviétique autonome d'Adjarie est créée en 1921 et rattachée à la Géorgie ; l'Abkhazie est d'abord administrée par le Commissariat transcaucasien de Tbilissi avant d'être intégrée à la Géorgie en 1921 et d'obtenir le statut de RSS autonome en 1930 ; la région (*oblast*) autonome d'Ossétie du Sud est créée en 1922. Le pouvoir bolchevik charge un comité de sept membres, le Bureau du Caucase (*Kavburo*), de réaliser, sous la supervision du commissaire du peuple aux nationalités, Staline, le découpage ethnique de la région selon les principes soviétiques, c'est-à-dire visant à donner un territoire à chaque ethnie en veillant au maintien d'une minorité n'appartenant pas à l'ethnie localement majoritaire afin de contribuer à son contrôle. Il se prononce pour le rattachement du Haut-Karabakh à l'Arménie mais les protestations des dirigeants azerbaïdjanais associées à un soulèvement anti-soviétique à Erevan en 1921 conduisent le comité à revenir sur sa décision et à attribuer le

Karabakh à l'Azerbaïdjan. Le 7 juillet 1923 est constituée la région autonome du Haut-Karabakh et le 9 février 1924 c'est le tour de la République socialiste soviétique autonome du Nakhitchevan, en application des traités de Moscou et de Kars. La période de la soviétisation se déroule sans heurts violents entre Azéris et Arméniens.

Le 12 mars 1922, l'Azerbaïdjan, la Géorgie et l'Arménie constituent la République socialiste fédérative soviétique de Transcaucasie, car Staline et Ordjonikidzé ne veulent pas que la Géorgie adhère directement à la fédération soviétique, et cette nouvelle république devient membre fondateur de l'URSS le 30 décembre 1922. Cette fédération de Transcaucasie est dissoute par le VIIIe congrès (extraordinaire) des soviets le 5 décembre 1936, chacune des républiques fédérées devenant l'une des républiques constitutives de l'Union soviétique.

Le long passé historique de la Géorgie et de l'Arménie, renforcé par une culture propre due à une religion et à un alphabet spécifiques pour chacune, est un élément essentiel du nationalisme de ces deux peuples qui avait agité la région pendant toute la période de domination tsariste et continue à se manifester sous le régime soviétique. En Géorgie, il s'exprime même pendant la période de russification sous Khrouchtchev ; en 1956, des émeutes nationalistes sont sévèrement réprimées à Tbilissi. Lorsqu'en 1978, la nouvelle Constitution soviétique accorde au russe le même statut linguistique que le géorgien, de nouvelles manifestations éclatent dans la capitale géorgienne. Ce nationalisme a exacerbé celui des minorités locales, peut-être instrumentalisées par Moscou. C'est ainsi que le nationalisme abkhaze a pu être utilisé en 1977 - 1978 pour déstabiliser Edouard Chevardnadzé alors premier secrétaire du Parti communiste de Géorgie. Toutefois, c'est avec la perestroïka que va se manifester ouvertement un renouveau nationaliste à la fin des années quatre-vingts. Relativement épargnée au début du régime soviétique, l'Eglise arménienne est sévèrement persécutée à la fin des années trente ; elle survit dans la clandestinité. Après la Seconde Guerre mondiale, 150 000 Arméniens émigrés reviendront en Arménie soviétique. Après la mort de Staline, Anastase Mikoyan[11], membre du politburo

---

[11] Anastase Mikoyan est un exemple rare de longévité politique en URSS. On plaisantait sur celle-ci en disant « d'Ilitch (Lénine) à Ilitch (Brejnev) sans infarctus ni accident ».

du PCUS, les presse de réaffirmer leur identité nationale, et, en 1965, ils manifestent à Erevan à l'occasion du cinquantenaire du génocide.

Toutefois, le régime soviétique empêche une expression violente de ces nationalismes et gèle ainsi le conflit latent entre l'Arménie et l'Azerbaïdjan. L'annexion de ces territoires est le résultat d'une politique d'expansion continue qui a conduit la Russie à recueillir le fruit de ses victoires sur les empires voisins. La Géorgie et l'Arménie, de religion chrétienne, étaient certes pour cette raison plus proches de la Russie, à laquelle la Géorgie a même fait appel, que des anciens suzerains, cependant, à part ce fait, rien ne justifiait un rattachement de la Transcaucasie à la Russie. L'instauration d'un vice-royaume du Caucase montre bien, si c'est nécessaire, que la Transcaucasie, n'est pas considérée comme faisant intégralement partie de la Russie par les tsars.

L'ASIE CENTRALE

Cette région a toujours été une région de passage importante, aussi est-elle marquée par les invasions et les luttes des différents empires qui l'ont conquise en tout ou partie. Au nord, les steppes kazakhes étaient essentiellement la voie de passage des invasions venues de Sibérie, Sakas, Sarmates, tribus turques, Huns, Ouïgours, Kirghizes, Kiptchaks, toutefois, c'est au centre, situé au débouché de la vallée de la Ferghana qui relie l'Asie centrale au bassin du Tarim en Chine que se trouve naturellement la grande voie de passage est-ouest. Par ailleurs, l'abondance de l'eau avec l'Amou Daria (Oxus pour les Grecs anciens) en faisait une région riche, favorable à la sédentarisation des populations. Plusieurs des villes, Tachkent, Samarcande, Boukhara, Kokand ou Termez, pour ne citer que les principales, ont été fondées avant notre ère. Ainsi et sans même prendre en compte Khiva qui fut, selon la légende, fondée par Sem, le fils de Noé, l'histoire est émaillée de l'intérêt des conquérants pour l'Ouzbékistan et ses villes (Alexandre le Grand s'installe à Samarcande pendant quelques années et fonde la ville de Termez ; Tamerlan se fait élire émir de Samarcande en 1369 ; le sultan timouride Oulough Beg y fait construire une medersa et un observatoire). Du fait de ces caractéristiques, la région a bénéficié des échanges économiques et culturels entre les peuples depuis des millénaires. C'est donc principalement là que se sont centrées, mais non limitées car les frontières ont longtemps été inexistantes ou fluctuantes, les différentes invasions et que se sont établis au fil des siècles les différents royaumes.

Les plus anciens témoignages historiques remontent au VIe siècle avant J.-C. quand l'empire achéménide se lance à la conquête de la région. Puis au IVe siècle avant J.-C., Alexandre le Grand détruit l'empire achéménide et apporte la civilisation hellénistique. Ensuite, plusieurs empires et royaumes, venant de Chine, de Mongolie, de Sibérie ou de Perse, notamment les empires sassanide, abbasside, le Khwarezm et les Oghouz qui apportent l'islam, se succèdent ou se partagent la région. C'est ainsi que des peuples turcs arrivent dans la région. A partir du VIIIe siècle, les Arabes se lancent à la conquête de l'Asie centrale. Le point culminant de l'avancée arabe est la bataille de Talas en 751 remportée contre les Chinois et qui marque l'avancée la plus orientale de la présence arabe qui entraîne une islamisation progressive des populations locales sédentaires. Aux XIIe et XIIIe siècles toute l'Asie centrale passe sous la domination mongole de Gengis Khan dont l'empire, partagé entre ses quatre fils, donne naissance au khanat (turco-mongol) de Tchaghataï qui recouvre, entre autres, la partie méridionale de l'Asie centrale. Ce khanat, victime de luttes intestines, est repris en main par Tamerlan dans la seconde moitié du XIVe siècle. Celui-ci ne se contente pas de conquérir un vaste empire incluant la Mésopotamie et une partie de l'Anatolie ; sans pitié avec ses ennemis qu'il massacre sans retenue, il œuvre fortement à la grandeur de Samarcande qu'il avait relevée après sa destruction par Gengis Khan en y envoyant de nombreux artisans des villes conquises. A ce titre, il est connu comme protecteur des arts. Son empire ne dure qu'un siècle ; en 1507, il tombe aux mains des Ouzbeks de la dynastie des Chaybanides issus de la Horde d'Or ; le terme ouzbek n'a aucune référence ethnique, il vient d'Özbeg, prince mongol qui implanta l'islam au sein de la Horde d'Or. Le khanat de Tchaghataï connaît un fort développement artistique mais se trouve progressivement hors des routes commerciales avec le développement des voies maritimes. La dynastie des Chaybanides disparaît à la fin du XVIe siècle. Progressivement, trois khanats lui succèdent, ceux de Khiva, de Boukhara et de Kokand.

Le khanat de Khiva doit lutter contre les Perses et les Turkmènes pour assurer son indépendance ; Etat pauvre, il tire sa subsistance des razzias qu'il effectue chez ses voisins, en particulier le khanat de Boukhara ; il soumet les Karakalpaks au nord. Le khanat de Boukhara, qui inclut Samarcande, est majoritairement persanophone avec une forte population tadjike. Il est gouverné par plusieurs dynasties ouzbèques avant d'être conquis par le shah de Perse Nadir Shah au milieu du XVIIIe siècle et d'être transformé en émirat en1865. Centré sur la vallée de la Ferghana, le khanat de Kokand se situe à cheval sur les territoires actuels de l'Ouzbékistan, du Kirghizstan et du Tadjikistan. Il soumet rapidement les nomades kirghizes et kazakhs puis s'empare de la ville de Tachkent au début du XIXe siècle.

La partie nord de l'Asie centrale est davantage concernée par les invasions venues de Sibérie et de Mongolie, c'est ainsi que et les khans kiptchaks s'allient, sans succès, avec les princes moscovites pour s'opposer à l'invasion mongole. Un khanat kazakh est fondé au milieu du XVe siècle et se montre uni principalement contre les Ouzbeks ; il est divisé en trois « hordes » ou « jüz », la « Grande Horde », la « Cadette » et la « Mineure ».

Toutefois, dès le XVIIIe siècle la menace russe apparaît et la région va devenir un pion dans le « Grand Jeu », expression inventée par Rudyard Kipling pour désigner la rivalité qui oppose la Russie et l'Empire britannique dans la recherche de l'extension de leur influence respective en Asie au XIXe siècle au motif de défendre pour l'une ses frontières et pour l'autre l'Empire des Indes.

Les Russes avaient fait une première incursion au sud en 1717 pour tenter de libérer les esclaves russes de Khiva, prisonniers faits dans les franges sud de l'empire qui étaient revendus aux tribus méridionales. Cette incursion fut un sanglant échec. Dans le souci de protéger le flanc sud de leur empire qui ne dispose d'aucune frontière naturelle, les Russes construisent des forteresses sur le territoire kazakh : Semipalatinsk en 1718, Oust-Kamenogorsk en 1720. L'implantation de la Russie prend une autre dimension quand le khan de la horde cadette se tourne vers Anna Ivanovna pour demander aux Russes un statut de peuple protégé face à la menace que font peser les Djoungars venant de Chine ; ce statut est accordé en 1731. A partir de ce moment, la construction de postes militaires va se multiplier dans les parties septentrionale et orientale de ce qu'on appelait alors Turkestan, l'idée étant toujours la protection de l'empire. Puis les Russes imposent progressivement leur loi. Ils limitent les espaces autorisés aux Kazakhs (appelés à l'époque Kirghizes) : en 1756, il leur est interdit de franchir le fleuve Oural, puis en 1764, l'Irtych. Jusque vers la fin du XVIIIe siècle, la cohabitation se passe sans trop de difficultés car les Russes ne se mêlent pas des affaires kazakhes ; ils vont alors progressivement annexer des territoires, briser l'organisation hiérarchique des khanats en interdisant en 1822 aux Kazakhs de désigner leurs dirigeants et finalement instaurer leur administration. En 1867 est créé un gouvernement général du Turkestan, sous l'autorité du général von Kaufmann, avec pour capitale Tachkent. En 1868 est créée la ville de Verny (la Fidèle) qui deviendra Alma-Ata, puis aujourd'hui Almaty. La même année, le territoire est déclaré propriété d'Etat. Il s'ensuit de longues guerres kazakhes simultanément au développement de la colonisation qui conduit à l'installation de populations russes et assimilées (Ukrainiens, Biélorusses) ainsi que des populations allogènes de la moyenne Volga incorporées dans l'Empire russe depuis le XVIe siècle.

Cependant, le contentieux croît avec les tribus du sud en raison des attaques des caravanes russes au Turkestan menées par les séides de Khiva. L'empire tsariste s'empare progressivement de la région. La ville de Khodjent est conquise en 1866, ouvrant aux troupes russes l'accès à la vallée de la Ferghana, ce qui entraîne la signature d'un traité commercial entre l'empire russe et le khanat de Kokand en 1868 qui assure la libre circulation des Russes dans le khanat et réciproquement. Le khanat devient tributaire économiquement de ce traité et il en résulte un soulèvement en 1873 qui donne prétexte aux Russes pour intervenir. En 1876, ils conquièrent toute la région et, le 3 mars 1876, le khan signe son rattachement à la Russie et son territoire devient *l'oblast* de la Ferghana avec le général Skobelev comme gouverneur. Par la même occasion, les Russes s'emparent de la région habitée par les Kara Kirghizes (Kirghizes noirs), qui était passée sous la domination du khanat au début du XIXe siècle, qu'ils rattachent à la province du Turkestan et où arrivent de nombreux colons russes qui mettent en culture les terrains de parcours des troupeaux des Kara Kirghizes.

La prise de Samarcande le 14 mai 1868, est suivie en juin de l'instauration d'un protectorat russe sur le khanat de Boukhara. Au printemps 1873, le général von Kaufmann, gouverneur militaire du Turkestan, lance une expédition militaire et conquiert la ville de Khiva. La paix est signée le 12 août 1873. Le khanat devient protectorat russe et perd ses terres de la rive droite de l'Amou Daria au profit de l'empire. Dans les faits et hormis l'abolition de l'esclavage, le protectorat ne change pas grand-chose à la vie politique du khanat. Pour les Russes, l'importance de Khiva est surtout défensive face aux Turkmènes, car en l'absence de frontières naturelles, la région occupée par les Russes est toujours soumise aux attaques des bandes turkmènes. En 1874, est créée, entre la mer d'Aral et la Caspienne, la région transcaspienne qui s'étend au sud sur le territoire turkmène. La conquête est pratiquement achevée au début des années 1880 avec la prise de la forteresse de Ghéok-Tépé par le général Skobelev en 1881 et celle de l'oasis de Merv en 1884. En 1895, après que les Russes se sont emparés des provinces du Pamir, la pression anglaise les empêche de pousser plus au sud en Afghanistan. La frontière est fixée, en accord avec les Britanniques, à hauteur du corridor de Wakhan, laissant en Afghanistan un nombre de Tadjiks plus important que ceux de l'Empire russe ainsi que des Turkmènes, que l'on retrouve également en Iran. Les Tadjiks, musulmans sunnites de rite hanafite, sauf dans le Haut-Badakhchan où ils sont ismaéliens, sont un peuple persanophone. La Convention anglo-russe de 1907 définit les zones d'influence respectives.

En 1916 éclate la révolte des Basmatchis, qui s'oppose à l'instauration du travail forcé et à la mobilisation des musulmans ; elle s'étend à l'ensemble de l'Asie centrale. Sévèrement réprimée par le régime tsariste, elle perdure avec l'arrivée au pouvoir des bolcheviks et prend fin dans les années vingt après la fin de la guerre civile. La chute de l'empire ouvre les portes aux revendications locales, en juillet 1917, le Premier Congrès pan-kazakh a lieu à Orenbourg et revendique l'autonomie de régions kazakhes au sein d'une Russie démocratique, puis le 26 août 1920, les provinces de Turgaï, Uralok, Akmolinsk et Semipalatinsk se regroupent et forment la République socialiste soviétique autonome des Kirghizes au sein de la RSFSR ; elle est nommée Kazakhstan en 1925.

A partir de Tachkent l'Armée rouge reprend le pouvoir dans les anciens khanats ; le 30 avril 1918 est créée, au sud de la RSSA des Kirghizes, la République soviétique autonome du Turkestan qui devient République socialiste soviétique autonome en 1920 et adhère à l'Union soviétique en 1922 lors de la création de celle-ci. Dans le même temps, une République populaire soviétique de Boukhara est créée le 8 octobre 1920 alors que le khanat de Khiva, qui a retrouvé son indépendance, sombre dans le chaos politique et une rébellion communiste y éclate en 1919 ; en 1920 l'Armée rouge bat le chef turkmène Djounaïd Khan, qui s'était emparé du pouvoir et le 26 avril 1920 est proclamée la République populaire soviétique du Khorezm au sein de la RSFSR.

Les premières années de l'URSS voient apparaître de nombreuses modifications administratives. Le 27 octobre 1924, la RSSA du

Turkestan et les républiques populaires de Boukhara et du Khorezm sont dissoutes pour donner naissance à la RSS d'Ouzbékistan, dont la capitale est transférée de Samarcande à Tachkent en 1930, et à la RSS du Turkménistan qui deviennent ainsi républiques fédérées de l'URSS ; alors que les Ouzbeks et les Tadjiks vivaient mélangés depuis des siècles, dans le même temps est créée au sein de l'Ouzbékistan la république autonome du Tadjikistan, avec pour capitale Douchanbé, qui recouvre la partie orientale de la République populaire de Boukhara ; le Tadjikistan obtient en 1929 le statut de RSS avec un agrandissement de son territoire au nord. Le territoire occupé par les Kara Kirghizes est transformé en région autonome de la RSFSR en 1924 puis en république autonome en 1926, toujours au sein de la RSFSR et enfin, en 1936, le Kirghizstan devint la République socialiste soviétique kirghize, membre à part entière de l'URSS. La région autonome des Karakalpaks, créée au sein de la RSS du Kazakhstan en 1925, est élevée au rang de RSSA en 1932 et intégrée dans la RSFSR puis rattachée à la RSS d'Ouzbékistan en 1936. Cette même année, la RSSA du Kazakhstan est élevée au rang de république fédérée constitutive de l'URSS après avoir été agrandie de l'ancienne province du Turkestan russe habitée en majorité de Kazakhs. Les limites administratives sont définitivement fixées mais sont très artificielles puisqu'il n'y a jamais eu d'entité étatique historique correspondant aux nouvelles républiques ; en outre, leur tracé est particulièrement tourmenté puisqu'on trouve des enclaves ouzbèkes au Tadjikistan et au Kirghizstan et réciproquement et que la vallée de la Ferghana, qui commence au Kirghizstan, est ensuite coupée à deux reprises par la frontière tadjiko-ouzbèke.

    La Seconde Guerre mondiale va donner de l'importance au Kazakhstan et à l'Ouzbékistan car de nombreuses usines venant de la partie européenne de l'URSS y sont déplacées, ce déménagement s'accompagnant d'un transfert de populations européennes. Ces territoires servent également de lieu de relégation pour de nombreux peuples. Tous les Allemands de la Volga sont déportés au Kazakhstan et en Sibérie en 1941 et quand les territoires occupés par les troupes allemandes sont libérés, Staline déporte massivement des peuples entiers, principalement du Nord-Caucase, accusés, à tort ou à raison, de collaboration avec l'ennemi : Kalmouks en 1943, Tatars de Crimée, Karatchaïs, Tchétchènes et Ingouches en 1944. Déjà en 1937, ce sont les Coréens qui avaient été déportés d'Extrême-Orient. Que ce soit pour des raisons religieuses, la plupart de ces peuples étant musulmans, par défiance envers Staline ou tout simplement pour des raisons humanitaires, ces peuples ont été bien accueillis par les Kazakhs.

La période qui suit la Seconde Guerre mondiale va voir des développements économiques qui vont profondément marquer la région. En 1953, Khrouchtchev lance sa campagne de mise en valeur des terres vierges dans les steppes du Kazakhstan. Si cette opération a un effet bénéfique du fait des investissements dans les infrastructures, elle engendre un appauvrissement des terres dû à l'érosion éolienne. Elle modifie, en outre, la composition de la population par l'arrivée de nombreux Russes. Au sud, c'est le développement outrancier de la culture du coton qui entraîne une grave pollution des sols et la catastrophe écologique de l'assèchement progressif de la mer d'Aral. Cette monoculture est à l'origine du scandale du coton ouzbek : la falsification des chiffres de la production permet l'enrichissement des hiérarques locaux, dont Charaf Rachidov, premier secrétaire du PC d'Ouzbékistan de 1959 à sa mort en 1983, et du gendre de Leonid Brejnev, Iouri Tchourbanov. Toutefois, l'Ouzbékistan profite aussi de la manne engendrée par ce scandale.

Plus qu'ailleurs, la conquête de l'Asie centrale a un caractère clairement colonial. Elle est motivée par des raisons stratégiques, rivalité avec les Anglais, et de sécurité, protection des franges sud de l'empire. La région ne commence réellement son développement qu'avec le transfert des usines européennes pendant la Seconde Guerre mondiale. Sa situation de zone de deuxième rang est illustrée par les déportations massives opérées par Staline. La colonisation de peuplement n'est effective qu'au Kirghizstan avec l'arrivée massive de paysans russes et dans le nord du Kazakhstan où elle se poursuit avec la mise en valeur des terres vierges par Khrouchtchev. La région reste largement sous-développée par rapport au reste de l'URSS.

*

* *

Les républiques fédérées de l'URSS ont des passés historiques très différents et leur intégration à la Russie a pris des chemins très divers ; la plupart cependant, à un degré moindre pour certaines républiques d'Asie centrale, peuvent revendiquer une histoire riche. Que celle-ci ait été concrétisée par l'existence d'Etats ou que les nouveaux dirigeants se soient approprié un passé qui n'appartenait pas qu'à eux, tous s'appuient désormais sur cette histoire pour consolider l'existence des nouveaux Etats et pour contester *a posteriori* leur rattachement à la Russie qui a, de fait, le plus généralement pris l'aspect d'une conquête coloniale. La faiblesse de certains d'entre eux réside dans le tracé des frontières qui a été fluctuant sous le régime soviétique, alors qu'elles n'étaient encore que des limites administratives, et défini selon des critères dépendant de la politique du Kremlin plus que des souhaits de la population ou de considérations historiques, même si celles-ci n'ont pas été totalement absentes.

L'histoire des républiques appartenant à la RSFSR

Au-delà des républiques fédérées soviétiques, il convient de s'intéresser aux républiques appartenant à la RSFSR puisque leur législation leur donne le droit de mettre en avant leur particularisme, en particulier la langue. Ainsi est créé un terreau pour le développement des nationalismes qui peuvent être plus ou moins importants selon l'histoire de chacune d'elle et qui s'est parfois manifesté dès avant la disparition de l'URSS. Nous distinguerons les républiques dispersées en Russie d'Europe, celle de Sibérie, celles de la moyenne Volga et, enfin, celles du Nord-Caucase.

RÉPUBLIQUES DISPERSÉES D'EUROPE

La Carélie a été sous l'influence de la Russie kiévienne et de la république de Novgorod du IXe au XIIIe siècle avant de passer sous la domination de celle-ci, ce qui lui vaut d'être rattachée à la Russie en 1478, en même temps qu'elle. En 1617, elle passe partiellement sous domination suédoise et devient, par la suite, un des sujets des guerres russo-suédoises et est rattachée à la Russie par le traité de Turku de 1743. La commune prolétaire de Carélie, créée en 1920, est transformée en république autonome en 1923. Aujourd'hui, elle est composée de la partie de la Finlande que l'URSS a conservée en vertu du traité de Tartu de 1920, à laquelle a été ajoutée la plus grande partie du territoire finlandais conquis au cours de la guerre de 1939-1940. Elle a le statut de république socialiste soviétique de 1940 à 1956, année où elle est réintégrée à la RSFSR en qualité de république autonome, ce qui lui a fait perdre son droit constitutionnel (virtuel) à la sécession. En août 1990, la Carélie proclame sa souveraineté et devient République de Carélie en novembre 1991.

Les Komis sont un peuple finno-ougrien converti au christianisme par les Russes à partir de la fin du XIVe siècle. Ils sont progressivement intégrés à la principauté de Moscou à la fin du XVe siècle ; ils font donc partie de ces petits peuples absorbés lentement par l'extension de la Russie. L'*oblast* autonome des Komis a été créé en 1921 et transformé en République Socialiste Soviétique Autonome des Komis en 1936, puis en RSS des Komis en 1991, toutefois, sans que cette appellation change appartenance à la RSFSR. Elle devient République des Komis en 1992.

Les Kalmouks sont un peuple mongol qui vivait initialement en Transbaïkalie et sur le haut Ienisseï où ils signent des accords avec le tsar afin d'obtenir sa protection au XVIIe siècle. A cette époque, une partie d'entre eux se déplace vers la Volga inférieure où ils établissent un khanat kalmouk sous la suzeraineté du tsar. En 1771, certains repartent vers la Mongolie pour retrouver leur indépendance. Attaqués par les Kazakhs, la plupart meurent en chemin. Le khanat kalmouk est alors supprimé et incorporé au gouvernorat d'Astrakhan. La plupart des Kalmouks sont bouddhistes mais certains sont islamisés et d'autres christianisés. Pendant la guerre civile, ils se partagent entre les bolcheviks et blancs. L'*oblast* autonome de Kalmoukie est créé en 1920 et transformé en république autonome en 1935. Certains collaborent avec les Allemands pendant l'occupation ; aussi en 1943 toute la population kalmouke est déplacée en Sibérie et en Asie centrale. La Kalmoukie retrouve son statut de république autonome en 1958 et les Kalmouks peuvent revenir. Elle proclame sa souveraineté en octobre 1990.

RÉPUBLIQUES DE SIBÉRIE

Les Altaïens sont un peuple d'origine mongole parlant une langue turque, qu'on appelle encore Kalmouks des montagnes, Kalmouks blancs ou Oïrotes. Longtemps sous la domination mongole, la région est conquise par les Russes au XVIIIe siècle. L'*oblast* autonome des Oïrotes est créé en 1922, devient *oblast* autonome du Haut-Altaï en 1948 puis république en 1991.

Les Bouriates sont un peuple mongol qui appartint à l'empire de Gengis Khan. En 1666, les cosaques bâtissent une forteresse qui se transforme en ville marchande de Verkhneudinsk, aujourd'hui Ulan-Ude, capitale de la Bouriatie. Les Russes installent leur administration en douceur en laissant les nobles locaux aux affaires. La RSSA de Bouriatie-Mongolie est créée en 1923. En 1990, la Bouriatie rejette le qualificatif « autonome » et en 1991 décide de s'appeler République de Bouriatie.

C'est sous Pierre le Grand que les Russes ont eu les premiers contacts avec les Khakasses. Alors qu'ils constituaient la plus grande partie du khanat de Khongor situé sur le haut Ienisseï et vassal du khanat dzoungar principalement situé en Chine, ils deviennent sujets du Tsar en 1727 en vertu d'un traité russo-chinois et leur structure étatique est supprimée. L'*oblast* autonome des Khakasses est créé en 1930 puis transformé en république en 1991.

Les Russes soumettent les Iakoutes, peuple turc nomade, et conquièrent leurs territoires au XVIIe siècle lors de leur avancée en Sibérie et introduisent l'orthodoxie. Le nationalisme iakoute se manifeste lors des révolutions de 1905 et de 1917. La RSSA de Iakoutie est créée en 1922 et fait l'objet d'une intense russification après la mort de Staline, les Soviétiques étant particulièrement attirés par la mise en valeur des mines d'or et de diamants (la quasi-totalité de la production russe de diamants vient de cette république). Le nationalisme refait surface lors de l'éclatement de l'URSS. La Iakoutie proclame son indépendance en 1990 ; il s'agit davantage d'une pétition de principe que d'une décision institutionnelle, puisqu'elle n'a aucune conséquence pratique. Elle prend alors l'appellation de République de Sakha (Iakoutie).

Les Touvas sont un peuple turcophone dans lequel on trouve de nombreux éléments mongols et samoyèdes. Touva est incluse dans le royaume mongol de la fin du XVIe siècle à la seconde moitié du XVIIe. Les Russes commencent à avoir des contacts avec les habitants de la région de Touva au XVIIe siècle, mais la première colonie russe n'est implantée qu'en 1885 alors que Touva appartient à la Chine au sein de la Mongolie extérieure depuis le milieu du XVIIIe siècle. En 1914, Touva devient protectorat russe. La République populaire de Tannou-Touva devient indépendante de la Chine en 1921 après une intervention des troupes bolcheviques et se place sous la protection de l'URSS qui y mène une politique interventionniste. Elle prend l'appellation de République populaire de Touva en 1926 et intègre l'URSS en 1944 en qualité d'*oblast* autonome avant de devenir république autonome en 1961 puis République de Touva en 1991. Si on se réfère à l'histoire Touva pourrait poser un problème avec la Chine (seules l'URSS et la Mongolie avaient reconnu l'indépendance de 1921). Toutefois, celle-ci aurait une position faible en cas de revendication parce que, quand Touva était sous domination chinoise, elle faisait partie de la Mongolie extérieure dont la Chine reconnaît l'indépendance. Il n'y a, par ailleurs, aucune frontière commune entre

Touva et la Chine. Ce serait donc davantage la Mongolie qui pourrait exprimer des revendications, ce qui n'est pas le cas.

RÉPUBLIQUES DE LA MOYENNE VOLGA

Le premier Etat que connut le Tatarstan est le khanat des Bulgares de la Volga fondé par des tribus turques à la fin du IXe siècle et qui prend l'islam comme religion d'Etat en 922. La partie nord de la zone de peuplement oudmourte du khanat, située sur les rives de la Kama, à l'ouest de l'Oural est incorporée à la Russie au XIIe siècle. En conflit quasi permanent avec les Russes, c'est par les Mongols que le khanat des Bulgares est défait au XIIIe siècle et, comme tous les autres peuples de la région, passe alors sous la domination de la Horde d'or. Le khanat de Kazan domine la région de la chute de la Horde d'or à sa défaite par Ivan le Terrible en 1552 qui l'incorpore à la Russie ; les Maris, les Mordves, les Oudmourtes et les Tchouvaches, à l'exception de ceux qui vivent hors de la Tchouvachie qui restent musulmans, sont progressivement convertis au christianisme.

Après la Révolution d'Octobre les entités nationales sont progressivement créées : la RSSA de Bachkirie en mars 1919 sur un territoire limité à la région ouralienne, elle est agrandie en 1922 avec la région d'Oufa ; en 1920, la RSSA de Tatarie et les *oblast* autonomes de Tchouvachie, élevé au rang de république autonome en 1925, d'Oudmourtie, qui devient république autonome en 1934, et des Maris, transformée en république autonome en 1936. Entre 1925 et 1928 sont créés plus de 30 districts (*volost*) Mordves ; en 1930 est créé l'*okroug* de Mordovie, transformé en *oblast* autonome en 1930 qui obtient le statut de république autonome au sein du *kraï* de la moyenne Volga en 1934 et devient directement membre de la RSFSR en 1936.

La période qui précède et suit l'éclatement de l'URSS voit apparaître quelques changements, toutes les républiques autonomes deviennent républiques, celle des Maris prend l'appellation de République de Mari El.

RÉPUBLIQUES DU NORD-CAUCASE

Le Nord-Caucase a été au fil des millénaires le refuge des peuples repoussés par les invasions successives et victimes des guerres entre royaumes locaux. A l'exception des Ossètes, tous ces peuples sont musulmans.

Plusieurs ont eu des contacts avec les Russes bien avant le début de la conquête : dès le XVIe siècle, les Tchétchènes entrent en contact avec eux par le canal des cosaques ; les rapports entre les deux parties sont pacifiques et en 1588 une ambassade tchétchène est installée à Moscou. Les deux peuples s'unissent pour combattre les Turcs et les Perses mais les Tchétchènes s'opposent au caractère colonial de la politique russe. Les premiers liens des Ossètes, descendants des Alains, avec la Russie datent du milieu du XVIIIe siècle avec l'établissement d'une ambassade à Saint-Pétersbourg. Les Balkars sont arrivés dans la région au XIIIe siècle après avoir été défaits par les Mongols ; au XVIe siècle, ils sont soumis par les Kabardes, peuple aborigène ; les uns et les autres établissent des liens avec les Russes et en 1557, le prince kabarde Temriouk demande à Ivan le Terrible, qui épouse sa fille, la princesse Marie, de le prendre sous sa protection.

La conquête de la Ciscaucasie par la Russie va s'étendre sur plus d'un siècle, la domination russe sur le Daguestan instaurée par Pierre le Grand en 1722 n'ayant pas duré. Il faut attendre la paix de Koutchouk-Kaïnardji en 1774 avec les Turcs pour que Catherine II permette aux Russes de prendre réellement pied dans la région car le Kouban, partie occidentale de la Ciscaucasie, est placé de fait sous la domination russe ; le traité permet à la Russie d'annexer, dans la partie centrale, la Kabardie et l'Ossétie. A la fin du règne de Catherine II, l'armée russe s'installe sur la rive gauche du Terek et construit une ligne fortifiée au nord du Caucase avec notamment les forteresses de Mozdok et de Vladikavkaz. Cette guerre du Caucase est la première d'une longue série. C'est sous le règne d'Alexandre Ier que commence vraiment la conquête, l'Ingouchie est annexée en 1810, à la suite de quoi l'arrivée des cosaques venus construire la ligne de fortifications oblige les Ingouches à quitter la plaine, cette migration forcée est la cause de heurts entre les deux communautés. Le traité de Golestan en 1813 rattache le Daguestan à la Russie, l'*oblast* du Daguestan est créé en 1860. Le général Iermolov fonde Grozny en 1818. La conquête se poursuit sous le règne de Nicolas Ier pour se terminer avec Alexandre II en 1864 ; la Balkarie intègre la Russie en 1827 à sa demande et à condition de conserver les coutumes « traditionnelles », la charia et la libre pratique de l'islam. Cette guerre est sans merci et conduit à la quasi extermination de certaines populations. A partir de 1834, les Russes ont en face d'eux l'Imam

Chamil, un Avar du Daguestan, qui réussit à unir les tribus locales contre eux. G. de Castillon, consul de France à Tbilissi de 1843 à 1847, un observateur privilégié et attentif de cette guerre[12], critique la « manie d'assimilation » des Russes qui les conduit à détruire ou affaiblir les seuls alliés sur lesquels ils auraient pu s'appuyer. En effet, Chamil s'appuie sur des paysans libres et sa doctrine, le muridisme, n'est pas seulement une guerre sainte contre la Russie mais aussi un mouvement social dirigé contre la structure féodale de la société musulmane de la montagne. Les potentats locaux auraient pu servir d'alliés à la Russie, toutefois, selon Castillon, les autorités civiles et militaires chargées de la conquête et de l'administration ignorent presque tout du pays. La conquête est finalisée à l'est en 1859 avec la capture de Chamil et l'annexion de la Tchétchénie mais la pacification se prolonge, notamment à l'ouest, jusqu'en 1864 et des centaines de milliers de Circassiens émigrent vers l'Empire ottoman[13], beaucoup d'autres sont victimes de déplacements forcés de population. Pour fêter la fin de la conquête du Caucase, le grand-duc Mikhaïl Nikolaïevitch offre un grand banquet le 21 mai 1864 dans la vallée de Krasnaïa Poliana, là même où se déroulent les jeux olympiques de Sotchi 150 ans plus tard ; pourtant, dans son discours d'ouverture Vladimir Poutine ne fait pas mention de cette partie de l'histoire locale alors qu'il rappelle le passage des Grecs anciens, comme s'il voulait masquer le passé colonial russe dans cette région. Le refus de l'assimilation se mue en opposition après la fin de la conquête. Celle-ci ne se termine que quatre ans avant la prise de Samarcande qui marque l'avancée décisive de la Russie en Asie centrale.

La guerre civile est l'occasion pour les peuples autochtones de marquer leur particularité, ainsi les cosaques prenant le parti des blancs, les Ingouches soutiennent naturellement les bolcheviks. L'instauration du pouvoir soviétique entraîne une réorganisation administrative qui va s'étendre sur 20 ans. En 1918 est créée la République des montagnards qui regroupe le Daguestan, la Tchétchénie, l'Ingouchie et l'Ossétie du Nord et devient RSSA montagnarde après l'occupation par l'Armée rouge en 1920 et absorbe l'*okroug* de Balkarie en 1921 mais elle est éphémère ; de nouvelles

---

[12] « Un témoignage français sur Chamil et les guerres du Caucase », Alexandre Bennigsen *in* Tsarisme Bolchevisme Stalinisme, Institut d'études slaves, Paris, 1990, page 377.
[13] La diaspora est estimée à environ 5 millions de personnes. Elle est importante en Syrie.

créations se succèdent : en 1921 la République autonome du Daguestan, en 1922 l'*oblast* autonome de Tchétchénie et en 1924 ceux d'Ingouchie, avec Vladikavkaz comme centre administratif, et d'Ossétie du Nord. Les deux premiers fusionnent en 1934 avant de devenir la RSSA de Tchétchéno-Ingouchie en 1936, date à laquelle l'Ossétie du Nord devient également une RSSA. L'*oblast* autonome de Kabardie, créé en 1921, absorbe l'*okroug* de Balkarie en 1922 pour former l'*oblast* autonome de Kabardino-Balkarie qui est transformé en république autonome en 1936. En 1922 est créé l'*oblast* autonome de Karatchaïevo-Tcherkessie qui donne naissance à celui des Karatchaïs en 1926 et à celui des Tcherkesses en 1928. Egalement en 1922, est créé l'*oblast* autonome des Tcherkesses (Adyghéens) ; en 1928 on inverse son appellation en *oblast* autonome des Adyghéens (Tcherkesses). Il appartient successivement à plusieurs entités administratives différentes et à partir de 1937 au *kraï* de Krasnodar dans lequel il est enclavé. En 1991, il obtient le statut de république au sein de la RSFSR.

La Seconde Guerre mondiale va être lourde de conséquences pour plusieurs peuples de la région accusés, pas toujours à tort pour certains, par Staline d'avoir coopéré avec l'occupant allemand. Les Tchétchènes et les Ingouches sont déportés au Kazakhstan et en Asie centrale en 1944, leur république supprimée et le *raïon* de Prigorodny, sur la rive droite du Terek, vidé de ses habitants, est rattaché à l'Ossétie du Nord. Tchétchènes et Ingouches seront autorisés à rentrer dans leur république rétablie en 1957 par Nikita Khrouchtchev, toutefois, certains districts leur demeurent interdits car des cosaques y avaient été installés par Staline et le *raïon* de Prigorodny reste rattaché à l'Ossétie du Nord. Cette question du *raïon* de Prigorodny va entraîner des revendications ingouches dès les années soixante-dix et une loi de 1982 interdit de délivrer aux Ingouches un permis de résidence en Ossétie du Nord. Sont également déportés les Balkars dont l'entité autonome est supprimée et rattachée à la Géorgie alors que la Kabardie devient RSSA de Kabardie. En 1957, quand les Balkars sont autorisés à rentrer chez eux, la RSSA de Kabardino-Balkarie est restaurée au sein de la RSFSR. Enfin l'*oblast* autonome des Karatchaïs est supprimé en 1943 lorsque ceux-ci sont déportés en Asie centrale ; quand ils sont autorisés à rentrer chez eux en 1957, l'*oblast* autonome de Karatchaïevo-Tcherkessie est rétabli et devient république au sein de la RSFSR en 1991.

Malgré des particularismes parfois très forts, les entités nationales de RSFSR n'ont pas été une menace pour l'unité du pays depuis le retour des exilés à l'époque de Nikita Khrouchtchev. Si la remise en cause de la structure de l'URSS, puis de son existence même, pendant la perestroïka donne ici ou là un élan aux revendications nationales, les nationalités de l'intérieur de la Russie ne vont jouer aucun rôle dans le processus qui va conduire à l'éclatement de l'Union soviétique. Il n'en est pas de même des nationalités de certaines républiques fédérées qui vont jouer des luttes politiques internes au système pour faire avancer leurs revendications.

La marche vers l'éclatement de l'URSS

La perestroïka instaurée par Mikhaïl Gorbatchev, secrétaire général du Comité central du PCUS, a permis la libération de l'expression des sentiments nationalistes, en premier lieu dans les républiques où le passé historique créait un terreau favorable. Les élections locales de 1990 marquent un point de non-retour en officialisant leur existence politique. Mikhaïl Gorbatchev prend progressivement conscience des aspirations des républiques à gérer elles-mêmes leurs affaires et, par voie de conséquence, de la nécessité de rénover l'Union soviétique, cette prise de conscience est toutefois trop tardive pour devancer les revendications indépendantistes qui mettent à mal ses efforts visant au maintien de l'Union soviétique sur une base rénovée. Cet objectif est, en outre, contrecarré par la situation politique centrée sur l'opposition croissante entre le secrétaire général du PCUS et son ancien allié Boris Eltsine. *A contrario*, dans les républiques conservatrices, cette ouverture politique va être captée par les dirigeants en place qui vont s'assurer du pouvoir pour de nombreuses années, quand ils ne sont pas renversés par des coups d'Etat. Entre temps, les revendications indépendantistes ont suscité le putsch d'août 1991 à Moscou qui a précipité la fin de l'Union soviétique.

Nous examinerons les étapes de la résurgence des sentiments nationalistes avec leur expression lors des élections locales de 1990, puis la lutte politique qui oppose Mikhaïl Gorbatchev et Boris Eltsine avant de voir les tentatives du président de l'URSS pour élaborer un nouveau traité d'union face aux revendications de plus en plus affirmées des républiques fédérées.

Dans les républiques baltes, les sentiments nationalistes se montrent très tôt au grand jour : le 24 février 1988 est commémoré en Estonie l'indépendance de 1920 et le drapeau estonien est hissé à Tallinn où des mesures sont prises contre la politique de russification ; en Lituanie, il se concrétise par le développement fulgurant de la revendication indépendantiste qui voit travailler ensemble le Sajudis nationaliste et le PC lituanien qui est le premier des partis communistes de l'URSS à abandonner son « rôle dirigeant » constitutionnel, dès le 7 décembre 1989. Une visite courageuse de Mikhaïl Gorbatchev à Vilnius en janvier 1990 semble ouvrir la voie à l'indépendance par une mise en œuvre de l'article 72 de la Constitution soviétique de 1977 qui reconnaît aux républiques fédérées le droit de se séparer librement de l'URSS mais dont la procédure n'a jamais été précisée par la loi ; les espoirs seront déçus.

Les manifestations des nationalismes vont prendre un tour plus dramatique en Transcaucasie en libérant la violence interethnique. En Géorgie, la célébration du 150e anniversaire de la naissance du poète Ilia Chavchavadzé en 1987 peut être considérée comme la première manifestation spectaculaire publique du nationalisme local, puis les choses s'accélèrent à partir de 1989. Le 9 février, tout ce que la Géorgie compte comme autorités, y compris les dirigeants du parti communiste et le patriarche de l'Eglise orthodoxe (le catholicos) commémorent le 900e anniversaire de l'accès au trône de David IV le Reconstructeur, à l'origine de l'âge d'or de la Géorgie au XIe siècle, qui devient alors l'objet d'un véritable culte. Les manifestations nationalistes prennent un tour dramatique le 9 avril 1989 quand les troupes du ministère de l'Intérieur soviétique chargent des manifestants pacifiques faisant vingt morts et des centaines de blessés à Tbilissi. L'antagonisme national entre Azéris et Arméniens va se focaliser sur la question du Haut-Karabakh. Après la proclamation de sécession de cette région autonome de l'Azerbaïdjan le 20 février 1988, des violences interethniques éclatent en Arménie et en Azerbaïdjan où elles culminent avec les pogroms de Soumgaït le 27 février 1988 : officiellement trente deux Arméniens, mais sans doute beaucoup plus, ont été tués au cours de trois jours d'une émeute qui n'a cessé qu'avec l'intervention des forces soviétiques. Le 20 janvier 1989, l'armée soviétique et les troupes du ministère de l'Intérieur interviennent à Bakou « pour prévenir les violences ethniques » faisant plus de cent morts et des centaines de blessés ; cet épisode reste sous le nom de « janvier noir ». Le 5 mai 1990, des heurts entre des unités arméniennes et les troupes du ministère de l'Intérieur font des victimes à Erevan.

A la différence de la plupart des autres régions, l'Asie centrale, région très conservatrice car bien contrôlée par les partis communistes républicains, est peu touchée politiquement par la perestroïka qui trouve peu d'écho sur le plan des nationalismes, elle libère cependant la parole et permet ainsi une certaine contestation ainsi que la résurgence des antagonismes ethniques locaux. Le Tadjikistan est la seule république qui voit surgir un mouvement nationaliste qui va surtout se manifester contre les Russes ; le 12 février 1990, l'état d'urgence est instauré à Douchanbé après que des manifestants se sont livrés à des pogroms anti-russes. En Kirghizie et en Ouzbékistan, resurgissent des conflits ethniques locaux, en particulier entre Kirghizes et Ouzbeks à Och en mai 1990, dont les Ouzbeks sont principalement les victimes, et dans la vallée de la Ferghana entre Ouzbeks et Turcs Meskhets, population originaire de Géorgie qui avait été déportée dans cette région par Staline en 1944. Au Kazakhstan une décision de Mikhaïl Gorbatchev engendre des troubles : dans le cadre de sa lutte contre la corruption, il remplace en 1985 le premier secrétaire du parti communiste du Kazakhstan, Din-Muhamed Kunaev, un Kazakh qui était en poste depuis 22 ans, par un Russe sans lien avec le Kazakhstan, Guennadi Kolbin. Cette décision suscite des manifestations, puis des émeutes dans les principales villes. En 1989, Kolbin est remplacé par le Premier ministre du Kazakhstan, Noursoultan Nazarbaïev, proche de Gorbatchev, qui refusera quelques années plus tard le poste de vice-président de l'URSS que celui-ci lui propose.

Dans toutes les républiques, les élections de 1990 aux soviets suprêmes républicains vont permettre d'évaluer les forces en présence et le pouvoir que le parti communiste détient toujours sur la société, elles constituent la première expression légale des nationalismes. En effet, bien qu'il n'y ait pas encore officiellement de multipartisme, une pluralité des candidatures a été instaurée. Les élections n'avaient plus pour but d'avaliser les candidatures proposées par le parti communiste, qui avait constitutionnellement un rôle dirigeant, mais de choisir entre plusieurs candidats. Faute de partis politiques officiellement reconnus, un candidat devait être présenté par un collectif (association, collectif de travailleurs, d'électeurs…). Pour être validé, le scrutin devait rassembler au moins 50 % des électeurs inscrits. Il était uninominal à deux tours et seuls les deux candidats arrivés en tête étaient autorisés à se maintenir au second tour. Ce n'était qu'une démocratisation balbutiante, toutefois, l'examen des résultats de ces élections donne une image de la situation locale, en particulier en ce qui concerne l'importance du nationalisme dans chaque république.

En Estonie, ces élections, qui voient s'affronter 4 à 500 candidats pour 105 sièges, est l'occasion de se montrer pour le mouvement indépendantiste ; les élus peuvent être rassemblés en trois groupes : le

Front populaire qui a 49 élus, le groupe Estonie libre (fraction indépendantiste du Parti communiste) 29 et le Conseil uni du travail pour la protection du pouvoir soviétique et des droits civiques 27. Les deux premiers groupes, avec plus des deux tiers des sièges, sont en mesure de modifier la Constitution. Les Estoniens représentent 70 % des candidats et 75% des élus. Selon le secrétaire du comité du parti communiste de Tallinn, P. Panfilov, la loi électorale a favorisé les indépendantistes en attribuant un siège pour 3 500 à 6 000 électeurs en zone rurale et un pour 12 à 14 000 en zone urbaine, or c'est en ville que se trouve la majorité des russophones qui sont donc sous-représentés dans le nouveau Soviet suprême.

En Lettonie, les élections sont un grand succès pour le Bloc démocratique qui dépasse le rapport numérique entre Lettons et Russes ; il regroupe le Front populaire letton, le Mouvement pour l'indépendance nationale, le Parti social-démocrate letton et les Verts. Il obtient 120 des 170 sièges attribués dès le premier tour (sur 201 en compétition) approchant d'ores et déjà le seuil des deux tiers. Sans surprise en raison de la répartition géographique de la population, les Russes étant très minoritaires dans les campagnes, son succès est y plus important qu'en ville. Ainsi, à Riga, il n'obtient que 32 de 68 sièges. La faiblesse du nombre de candidats, malgré la pluralité autorisée des candidatures, avec seulement 390 candidats, soit moins de deux par siège à pourvoir, explique la faible participation qui n'est que de 70 %.

En Lituanie, les élections du 24 février 1990 voient un triomphe du mouvement nationaliste Sajudis qui remporte 72 des 141 sièges dès le premier tour ; le second est organisé très vite afin que le nouveau Soviet suprême puisse voter l'indépendance avant l'élection de Mikhaïl Gorbatchev à la présidence de l'URSS, il voit les indépendantistes obtenir plus des deux tiers des sièges, se plaçant en situation de pouvoir modifier la constitution. Le Sajudis a soutenu plus de candidats qu'il y avait de sièges à pourvoir, apportant même son soutien au parti communiste lituanien qui est favorable à l'indépendance ; le nombre d'élus revendiqués par les différents partis est donc supérieur au nombre total d'élus. La répartition est la suivante :

- Sajudis   90
- Parti communiste indépendantiste   40
- Parti social-démocrate   9
- Parti communiste (PCUS)   5
- Verts   4
- Parti démocrate   3
- Parti démocrate-chrétien   2

Pour les 141 sièges à pourvoir, il y a 522 candidats dont 443 Lituaniens, 33 Russes et 31 Polonais. Les Russes sont donc restés très largement à l'écart de la consultation, ce qui contribue à un taux de participation de seulement 72 %.

En Géorgie, qui a proclamé sa souveraineté le 20 juin, Zviad Gamsakhourdia, militant nationaliste de longue date, qui organise la coalition Table ronde – Géorgie libre, obtient 64 % des suffrages aux élections qui sont organisées en octobre. Le 14 novembre suivant, Zviad Gamsakhourdia est élu à la présidence du Conseil suprême de la République de Géorgie (ancien Soviet suprême).

En Arménie la situation politique est focalisée par la question du Haut-Karabakh, l'instauration du multipartisme se traduit par le retour des partis politiques historiques, le parti Dachnak, socialiste et indépendantiste, le parti Hintchak, marxiste et nationaliste, et le parti Ramgavar, parti de la bourgeoisie libérale de la diaspora. Le Mouvement National Arménien (MNA), issu du Comité Karabakh, qui a été légalisé en juin 1989, remporte les élections législatives sur un programme prudent d'accession à la souveraineté sans rupture brutale avec l'URSS.

En Moldavie et en Biélorussie, si les nationalismes font une entrée remarquée sur la scène politique, le PCUS défend bien ses positions et maintient son leadership politique. Le Front populaire moldave, créé officiellement en 1989, obtient un bon résultat aux élections de février 1990 avec un tiers des sièges (112 sur 380) ; toutefois, le PCUS se tient bien ; ses principaux dirigeants, le premier secrétaire du parti pour la Moldavie, le président du Soviet suprême et celui du conseil des ministres, ont été élus avec plus de 90 % des suffrages et 85 % des élus sont membres du PCUS. Il y a en moyenne 5 candidats par siège et seulement 7 candidatures uniques ; le taux de participation est de 84 % et 140 députés sont élus au 1er tour. 70 % des élus sont Moldaves et 15 % sont Russes.

En Biélorussie, le mouvement nationaliste a été favorisé par la catastrophe de Tchernobyl, dont 70 % des retombées ont contaminé 10 % de son territoire, favorisant ainsi une opposition locale au pouvoir central de Moscou. Dans cette république très conservatrice, qui n'avait jamais marqué la moindre hostilité à la politique menée par le PCUS, les élections de mars 1990 marquent l'entrée d'un nouveau venu sur la scène politique, le Front populaire. La loi électorale attribue 50 des 360 sièges à quatre organisations sociales (vétérans de la guerre, ceux du travail, sourds, aveugles). Pour les 310 sièges restant à pourvoir, 1 500 candidats s'affrontent, dont 20 candidats uniques. Toutes les personnalités en vue, le premier secrétaire du PC, le président du Soviet suprême, celui du conseil des ministres, le métropolite Philarète, Patriarche exarque de Biélorussie, et le leader du Front populaire, sont élues. Outre le Front populaire, qui se plaint de difficultés d'inscription de ses candidats, le courant démocratique est représenté par l'Union ouvrière de Biélorussie, la Société de la langue biélorusse (preuve de son importance comme élément constitutif de la nation), l'Union écologique de Biélorussie et quelques autres organisations informelles. La participation électorale, relativement importante au premier tour, baisse sensiblement au second ; un troisième tour doit même être organisé dans 18 des 42 circonscriptions en ballotage à Minsk.

Sans surprise, les élections aux soviets suprêmes locaux n'entraînent pas de bouleversements en Asie centrale et montre, au contraire, que les partis communistes tiennent la situation bien en main. Au Kazakhstan, la participation est de 84 % et 131 des 270 sièges sont pourvus au premier tour, avec notamment l'élection de l'essentiel des membres de l'appareil du parti. Toutefois, 13 élections doivent être annulées faute de participation suffisante. Pour sa part, Noursoultan Nazarbaïev est élu avec le score quasi soviétique de 92 %.

En Ouzbékistan, pour 500 sièges à pourvoir, il y a 179 candidats uniques (la plus forte proportion de toute l'URSS). Pour les autres sièges, il y a en moyenne 3 candidats. Un seul dirigeant du parti est mis en ballotage. 95 % des 368 élus du premier tour et 83 des 92 élus du second tour sont membres du parti. La participation est globalement de 93 % mais insuffisante dans quelques dizaines de circonscriptions pour valider le résultat.

La situation est analogue au Turkménistan où Il y a un seul candidat unique mais seulement, en moyenne, 3 candidats par siège.

Près de 90 % des élus sont membres du parti et tous les secrétaires du comité central sont élus. Le paysage politique n'a pas changé et le premier secrétaire du parti, Saparmurad Niazov, qui occupe ce poste depuis 1985 après le scandale du coton, qui a également éclaboussé le Turkménistan, et le renvoi de son prédécesseur par Mikhaïl Gorbatchev, est élu président du Soviet suprême.

C'est sous l'état d'urgence que se déroulent les élections au Tadjikistan, bien qu'il n'y ait que 4 candidats uniques, on note une grande stabilité de l'électorat. Le taux de participation, globalement de 90 %, est de 75 % à Douchanbé. Tous les dirigeants de la république qui sont candidats sont élus et 118 des 230 sièges sont pourvus au 1er tour. De fait, l'organisation politique est très clanique et les partis qui vont apparaître représentent essentiellement les différents clans. Les résultats sont de même nature au Kirghizstan.

En même temps qu'il doit composer avec cette renaissance du nationalisme qui compromet l'unité nationale, Mikhaïl Gorbatchev doit faire face à une opposition politique de plus en plus virulente de Boris Eltsine, d'abord au sein du système lui-même. En décembre 1985, après l'arrivée au pouvoir de Mikhaïl Gorbatchev, Boris Eltsine est promu premier secrétaire du PCUS pour la ville de Moscou et en février 1986, il est élu membre suppléant du bureau politique ; il est alors tout proche du cœur du pouvoir. Cette position ne va pas durer car dès novembre 1987, il est écarté de son poste de la ville de Moscou pour avoir critiqué, le 21 octobre, devant le comité central du PCUS, les lenteurs et les obstacles qui empêchent l'application des réformes, il est le premier hiérarque nommé par Gorbatchev à être limogé, cette disgrâce est devenue totale le 18 février 1988, quand il est « libéré » de son poste de membre suppléant du bureau politique. Il continue alors à développer son action politique en s'opposant à Mikhaïl Gorbatchev, mais pas à ses réformes, tout en recherchant un appui direct des électeurs : en mars 1989, il est élu au Congrès des députés du peuple de l'URSS[14] au premier tour avec plus de 89 % des voix de la circonscription de Moscou. Toutefois, il choisit de mener

---

[14] Le Congrès des députés du peuple a été créé en 1988, il est composé de 750 députés élus comme l'ancien Soviet suprême, 750 députés élus comme l'ancien Soviet des nationalités et 750 députés désignés par des « organismes publics » tels que le PCUS, les Komsomol (mouvement de la jeunesse communiste) et les syndicats auxquels la loi attribue un certain nombre de sièges. Le Congrès des députés du peuple se réunit deux fois par an pour examiner les questions les plus importantes et élit le Soviet suprême qui est le parlement permanent.

son combat dans une arène différente de celle de Mikhaïl Gorbatchev, ce qui lui laisse davantage de marge de manœuvre, car elle n'est pas directement sous la domination du secrétaire général du PCUS, et lui permet de s'opposer institutionnellement à lui, la Russie.

En mars 1990, il est élu député de Sverdlovsk[15] au Soviet suprême de la RSFSR avec 80 % des voix, et en mai suivant, devenu chef de file des réformateurs, il en est élu président et réclame la souveraineté de la Russie qui doit devenir « autonome en tout » en cent jours. Exclu des organes de direction du PCUS dont il est toujours membre, il a conquis une position institutionnelle qui lui donne les moyens de s'opposer politiquement à Mikhaïl Gorbatchev. C'est ainsi que le 12 juin, le parlement de la RSFSR adopte une résolution affirmant la souveraineté d'Etat de la Russie et la primauté de ses lois sur celles de l'Union soviétique afin de pouvoir « édifier un Etat de droit » et « sortir librement de l'URSS » ; cette résolution peut être considérée comme le coup d'envoi du combat entre les deux hommes pour le pouvoir suprême. En juillet au XXVIIIe congrès du PCUS, Boris Eltsine franchit le Rubicon en annonçant sa démission du parti ; il va encore plus loin le 18 février 1991 en demandant en direct à la télévision la démission de Mikhaïl Gorbatchev qu'il accuse « d'avoir trompé le peuple ». Cette fois, il est allé trop loin et est désavoué par son parlement mais le 10 mars 300 000 de ses partisans manifestent sous les murs du Kremlin ; dans un message enregistré, Boris Eltsine accuse Mikhaïl Gorbatchev de « mentir en permanence » et appelle à « déclarer la guerre à la direction soviétique ».

En réponse à Mikhaïl Gorbatchev qui s'était fait élire à la présidence de l'URSS par le parlement en mars 1990, Boris Eltsine fait créer par référendum le poste de président de la Russie en mars 1991 et le 12 juin, il en est l'élu au suffrage universel dès le premier tour avec 57,3 % des suffrages exprimés après s'être présenté, pendant la campagne, comme « l'appui de la gauche » à Mikhaïl Gorbatchev. Il a désormais une légitimité indiscutable pour mener son combat politique, ce qu'il fait sans tarder en juillet, en décrétant l'interdiction des activités « des structures organisationnelles des partis politiques et des mouvements sociaux dans les organes, les administrations et les organisations d'Etat de la république de Russie » : c'est le PCUS qui est visé.

---

[15] Il fut premier secrétaire du PCUS de *l'oblast* de Sverdlovsk à partir de 1977. A ce titre, il dirigea la destruction de la villa Ipatiev où Nicolas II et sa famille furent massacrés.

Le 19 août, dès les premières heures du putsch, qu'il qualifie de coup d'Etat, il appelle l'armée à s'allier au peuple, le peuple à la désobéissance civile et les travailleurs à la grève générale ; dans le même temps, il annonce prendre, en personne, le contrôle de toutes les opérations des organes exécutifs disposés sur le territoire de la Russie. Son action est décisive dans l'échec du coup d'Etat et il y gagne ses galons sur la scène internationale où, jusqu'alors, il était vu avec méfiance en raison de l'aura de Mikhaïl Gorbatchev. Il en profite pour renforcer son autorité au détriment du pouvoir central ; il limoge les directeurs de la radio et de la télévision d'Etat et de l'agence TASS et suspend la *Pravda*, l'organe officiel du PCUS ; tirant profit de ses atouts, il suspend les activités du PCUS, toujours défendu par Mikhaïl Gorbatchev, et fait dissoudre le gouvernement et entériner par le président soviétique les noms des nouveaux ministres. Toutefois, les deux présidents signent un accord selon lequel l'un ou l'autre exercerait les fonctions suprêmes si l'autre devait être empêché de les exercer. Après l'autodissolution du Soviet suprême d'URSS en septembre et la tentative du Congrès des députés du peuple, toujours dominé par les communistes, de reprendre la main, Mikhaïl Gorbatchev menace de légiférer par décrets et Boris Eltsine de proclamer l'indépendance de la Russie. Le 6 novembre, la veille de l'anniversaire de la révolution d'Octobre, Boris Eltsine interdit le parti communiste et ordonne la dissolution de ses structures ; le lendemain, l'anniversaire de la révolution n'est pas fêté. Sur la scène internationale, Boris Eltsine soigne son image par des déplacements à l'étranger, s'engage à assurer la prise en charge de la dette soviétique si des républiques venaient à faire défaut et à retirer les troupes soviétiques d'Europe de l'Est : par ces engagements, il place la Russie comme Etat successeur de l'URSS dont il anticipe la disparition, ce qui devient la réalité peu après : le 17 décembre, Mikhaïl Gorbatchev et Boris Eltsine annoncent que l'URSS aura cessé d'exister avant la fin de l'année. Le second en profite pour s'approprier les dernières structures fédérales et les biens afférents, dont le Kremlin et les ambassades soviétiques. Le 25 décembre, Mikhaïl Gorbatchev démissionne officiellement de son poste et transmet à Boris Eltsine les codes de l'arme nucléaire. Le lendemain, le Soviet suprême de l'URSS entérine la disparition de l'Union soviétique : Boris Eltsine est sorti vainqueur de son bras de fer avec l'homme de la perestroïka.

Pendant toute cette période, Mikhaïl Gorbatchev a lutté pour rénover l'URSS, pour la sauver, alors que Boris Eltsine, appuyé par le groupe interrégional du Congrès des députés du peuple qui regroupe les principaux réformateurs, dont Andreï Sakharov, n'a cessé de lui mettre les bâtons dans les roues pour assurer la domination de la Russie sur l'Union rénovée et, au minimum, la marginalisation du pouvoir fédéral de l'URSS. D'un autre côté, le déroulement des négociations entre le Kremlin et les représentants des républiques font apparaître les aspirations de plus en plus affirmées de ces dernières et aussi une division en deux camps, celles qui ne veulent que l'indépendance et ne négocient même pas, et celles qui veulent aboutir tout en se méfiant d'une tendance hégémonique de la Russie. Le dévoiement du fédéralisme qui n'était que formel, puisque la direction politique du pays était assurée par le parti communiste, va entraver les efforts de Mikhaïl Gorbatchev dans sa recherche de rénovation institutionnelle de l'Union soviétique.

L'Union des Républiques Socialistes Soviétiques a été créée le 30 décembre 1922 par l'approbation du Traité d'Union entre les Républiques soviétiques de Russie, d'Ukraine, de Biélorussie et de Transcaucasie par le Ier Congrès des soviets de l'Union. Par la suite, le nombre de républiques fédérées augmente soit par la scission de républiques fédérées ou la transformation de républiques autonomes en républiques fédérées, soit par l'annexion de pays étrangers auxquels ce statut est attribué ; ces modifications n'ont jamais conduit à une renégociation du traité de 1922. Les trois constitutions successives de l'URSS se sont glissées dans le moule défini en 1922.

Les heurts interethniques qui ressurgissent avec la perestroïka ramènent la question des nationalités au cœur de l'actualité, alors que les dirigeants soviétiques pensent que les réformes économiques permettront de régler les problèmes. C'est ainsi qu'à l'issue de la XIXe Conférence du PCUS, qui s'est tenue en juin 1988, la résolution sur les rapports interethniques précise « il s'agit avant tout d'élargir les droits des républiques fédérées et des formations autonomes en délimitant les compétences de l'Union et des républiques fédérées, par la décentralisation, par le transfert au niveau local de certaines fonctions administratives, par le renforcement de l'autonomie et de la responsabilité en matière de développement économique, socioculturel et de protection de la nature »[16] ; en aucun cas il n'est prévu de modifier la structure de l'Union. La première remise en

---

[16] XIXe Conférence du PCUS, Documents et matériaux, *Novosti*, Moscou 1988, p. 162.

cause du Traité d'Union est venue d'Estonie où, le 16 novembre 1988, le Soviet suprême local a voté une résolution demandant au Soviet suprême de l'URSS d'élaborer un Traité d'Union qui fixerait le statut de la RSS d'Estonie au sein de l'URSS ; ce vote n'a pas de suite.

Sous la pression croissante des mouvements autonomistes, qui deviennent progressivement indépendantistes, le débat sur les nationalités s'engage finalement à l'été 1989 : le 27 juillet, le Soviet suprême de l'URSS adopte une loi conférant aux trois républiques baltes une certaine autonomie économique et comptable à compter du 1er janvier 1990 et le 17 août 1989, la *Pravda* publie la plate-forme du PCUS intitulée « la politique nationale du parti dans les conditions actuelles ». Pour la première fois, le traité de 1922 est remis en cause : cette plate-forme propose l'élaboration et la signature d'un nouveau traité fédéral qui remplacerait celui de 1922 : il ferait partie intégrante de la Constitution de l'URSS et permettrait de renouveler le fédéralisme soviétique ; il indiquerait les droits et les engagements réciproques de l'Union et de ses républiques. Dans l'attente de ce nouveau traité celui de 1922 resterait valide. Selon le texte, il s'agit d'un retour aux sources de l'URSS dont le caractère fédéral a été dévoyé au motif de la défense de l'Etat soviétique, rendant purement formelle la souveraineté des républiques.

En 1990, la situation a radicalement changé tant dans le contexte européen, avec la perte du pouvoir par les partis communistes frères en Europe centrale et la chute du mur de Berlin, qu'en Union soviétique même où les concessions aux républiques baltes sont venues trop tard pour calmer les aspirations des populations à gérer elles-mêmes leurs propres affaires et freiner ainsi l'élan vers les revendications indépendantistes. En janvier à Vilnius, Mikhaïl Gorbatchev évoque une fédération d'un caractère entièrement nouveau garantissant une souveraineté politique et économique totale de ses membres sans pour autant recueillir un écho favorable dans la population locale.

La loi du 17 avril 1990 sur les fondements des relations économiques entre l'URSS d'une part, et les républiques fédérées et autonomes d'autre part, introduit implicitement le concept d'union à « géométrie variable » en fondant les relations entre le centre et les républiques sur un principe contractuel, ouvrant ainsi la porte à une adaptation de ces relations aux réalités locales. Les choses se précipitent quand, rendant compte des délibérations du Conseil de la fédération du 12 juin 1990, l'agence TASS mentionne « l'Union des

Etats socialistes souverains ». Le concept en cours d'élaboration se situe entre fédération et confédération. Une fédération constitue un Etat, sujet de droit international, qui dispose d'une constitution qui établit la répartition des pouvoirs entre les organes centraux de la fédération et ceux des territoires qui la constituent et qui, eux, ne sont pas sujets de droit international. Alors qu'une confédération est constituée par traité par des Etats indépendants, sujets de droit international, qui délèguent certains pouvoirs à des organes communs créés à cette fin. Une confédération ne constitue pas un Etat et n'est pas un sujet de droit international.

Au XXVIIIe congrès du PCUS, en juillet 1990, la résolution sur la question des nationalités mentionne que « toutes les entités étatiques nationales, autonomes y compris, participeront au processus (d'édification de l'Union) sur un pied d'égalité »[17]. Le 20 juillet 1990, une réunion conjointe du Conseil présidentiel et du Conseil de la fédération se penche sur le projet devant conduire à l' « Union des républiques souveraines » : le principe central serait une délégation volontaire de compétences à l'échelon central par les républiques, qui, titulaires de la souveraineté, reconnaitraient la supériorité des actes du centre dans les domaines qu'elles lui auraient délégués. L'ensemble imaginé pourrait comprendre une fédération slave (Russie, Ukraine, Biélorussie), une confédération unissant cette fédération avec l'Asie centrale, éventuellement organisée elle-même en fédération, et une communauté associant à la confédération les autres républiques à l'exception de la Lituanie dont la situation pourrait être réglée par un traité d'association. On note déjà le traitement particulier réservé aux républiques slaves qui sont au cœur de l'organisation envisagée.

Le débat public est ouvert par une séance du Soviet suprême de l'URSS du 25 septembre 1990 sans qu'il y ait eu de débat au sein des soviets suprêmes des républiques et le projet de traité mis au point par le pouvoir central est publié le 24 novembre dans la *Pravda*. Ce projet est donc entièrement l'œuvre du pouvoir central, sans consultation formelle des républiques.

Ce texte est composé d'un préambule et de vingt-trois articles.

Le préambule indique le caractère volontaire de la participation des républiques à l'Union des Républiques Souveraines Soviétiques.

---

[17] Documents et matériaux, XXVIII Congrès du PCUS, *Novosti*, Moscou, 1990, p.127.

Une première partie définit l'organisation de l'Union et fixe les principales règles communes. Les attributions de l'Union sont larges : défense, sécurité, politique étrangère de l'Union, douanes, politique monétaire. Par ailleurs, l'Union élabore conjointement avec les républiques la stratégie de développement économique, l'utilisation des réserves d'or et de diamants et la politique sociale ; elle dirige avec elles la politique énergétique et les voies de communication. Un Tribunal constitutionnel doit arbitrer les litiges entre l'Union et les républiques et ceux qui opposent les républiques entre elles.

La seconde partie expose la structure des pouvoirs. Le Soviet suprême est constitué du Soviet de l'Union élu au suffrage universel, les circonscriptions électorales ayant un nombre égal d'électeurs, et du Soviet des nationalités dont les membres sont nommés par les organes supérieurs des républiques et non plus élus au suffrage universel direct. Le président et le vice-président, poste nouveau, de l'Union sont élus au suffrage universel et doivent obtenir la majorité dans l'Union et dans la majorité des républiques. Un Conseil de la Fédération, réunissant, sous la direction du président, le vice-président et les présidents des républiques, détermine les grandes orientations politiques. Le cabinet des ministres est subordonné au président et comprend, comme dans la Constitution alors en vigueur, outre les ministres, les chefs de gouvernements des républiques. Enfin, la Cour suprême, la Cour des comptes et les tribunaux militaires sont du ressort de l'Union.

Ce projet tranche dans le sens d'une fédération et non d'une confédération, toutefois, ce choix est fait en catimini, le terme « fédéral » n'apparaissant qu'une fois dans le texte ; il est abandonné au bénéfice du terme « d'union » ; il a donc un caractère centralisateur marqué qui renforce les pouvoirs du président de l'URSS. Elaboré au plus fort de l'opposition entre Mikhaïl Gorbatchev et Boris Eltsine, il ne correspond en rien à l'attente des républiques, même les plus modérées, ce qui laisse entrevoir des difficultés pour son adoption, difficultés anticipées par les rédacteurs dans l'article 22 : « Le Traité d'Union entre en vigueur dès sa signature. Pour les républiques l'ayant signé, le traité de 1922 sur la formation de l'URSS devient caduc à compter de cette date ». Il s'agit clairement d'un chantage : les républiques sont mises devant le choix d'adopter le nouveau traité qui ne renforce leurs pouvoirs que de manière très limitée ou de conserver l'organisation politique du pays telle qu'elle découle de l'application du traité de 1922 alors que, précisément, elles s'élèvent contre cette situation.

Inadapté à la résolution des problèmes posés dans les rapports entre les républiques et le centre, ce texte est avant tout un instrument de la lutte politique qui oppose Mikhaïl Gorbatchev et Boris Eltsine. Certes, il a pour but de réorganiser les pouvoirs au sein de l'URSS, toutefois, son caractère centralisateur vise à s'opposer au projet de Constitution de la Russie préparé par le second, sans se soucier des changements qui pourraient intervenir au niveau fédéral. Le projet de constitution russe, publié le 9 novembre 1990, devait être examiné par le Soviet suprême de la RSFSR le 27 novembre.

Ce projet constitutionnel de Boris Eltsine a pour finalité de fixer le cadre d'une république russe souveraine et indépendante : la Fédération de Russie serait dotée de tous les attributs d'un Etat souverain. Le texte ne fait mention de l'Union soviétique que dans les dispositions transitoires ; cependant, dans son article 1.10, il laisse la porte ouverte à des évolutions: « La Fédération de Russie peut, si elle le veut, s'unir à d'autres Etats au sein d'une alliance (Union) régionale (interrégionale) sur la base d'un contrat. Dans ce cas, elle peut déléguer une partie de ses droits à l'alliance (Union) pour conduire les affaires générales communes, en se réservant le droit de contrôle et de participation dans la réalisation de celles-ci. La souveraineté de la Fédération de Russie reste intangible. Elle garde le droit de sortir librement de l'alliance (Union) ». Le projet de constitution russe se place donc clairement dans la perspective d'une éventuelle confédération soviétique créée sur une base contractuelle.

Le projet de traité est rejeté par les républiques, dont certaines estiment ne pas pouvoir le signer avant d'avoir modifié leur propre constitution, signifiant ainsi la primauté de ce texte sur le document fédéral. Toutefois, toutes sont favorables à l'établissement des conditions qui permettraient de mener une politique de redressement économique global, toutefois rien dans le texte ne va dans ce sens.

Mikhaïl Gorbatchev décide alors de brusquer les choses : en décembre, le 4ème Congrès des députés du peuple vote une résolution décidant l'organisation d'un référendum demandé par le président soviétique et le 16 janvier 1991, le Soviet suprême fixe le scrutin au 17 mars 1991 avec une question ainsi libellée : « Estimez-vous nécessaire de maintenir l'Union des républiques socialistes soviétiques en tant que fédération rénovée de républiques égales et souveraines, dans laquelle seront totalement garantis les droits et les libertés des personnes de toutes les nationalités ? » Le référendum porte donc sur le principe d'une Union rénovée mais pas sur le texte du projet qui peut donc continuer à évoluer, le terme de « fédération » est, cette fois, explicitement utilisé.

Tout cela se passe dans un climat tendu après l'intervention des forces soviétiques en Lituanie en janvier 1991 et la demande formulée par Boris Eltsine de démission de Mikhaïl Gorbatchev. Les autres républiques s'inquiètent alors des prétentions hégémoniques de la Russie qui avait signé, au cours de l'année 1990, une série d'accord, en général économiques, avec certaines républiques. Toutefois en Asie centrale, elle n'en avait signés qu'avec le Turkménistan[18] et aucun avec les républiques caucasiennes ; les républiques délaissées sont en droit de s'interroger sur l'intérêt que leur porte la Russie alors que les autres commencent à soupçonner Boris Eltsine de vouloir remplacer un centre par un autre. La Biélorussie, l'Ukraine et le Kazakhstan qui s'apprêtaient à signer avec la Russie un traité d'union à quatre ajournent leur signature ; bien que ce texte ne soit pas signé, il faut souligner un point commun entre la réflexion de Boris Eltsine et celle de son rival, la position particulière des républiques slaves.

A une semaine du scrutin, le 9 mars 1991, la presse publie un nouveau projet de traité. Les principales modifications portent sur la répartition des pouvoirs entre le centre et les républiques et sur un encadrement plus étroit des pouvoirs du président de l'Union. Le nouveau texte prévoit que « les relations entre l'Union et les républiques qui n'auront pas signé le traité d'Union feront l'objet d'un règlement sur la base de la législation de l'URSS en vigueur, des engagements et accords réciproques ». Quant aux républiques qui auraient signé le traité, « membres à part entière de la communauté internationale », le droit de sortir de l'Union leur est reconnu.

Dans ce contexte, le référendum clarifie la situation entre deux camps bien distincts : d'un côté les républiques slaves et musulmanes qui participent au scrutin, les premières car elles pensent pouvoir conserver des liens étroits entre elles, les secondes car elles sont conscientes de ne pas pouvoir vivre sans les subsides de l'Union et ne veulent surtout pas être abandonnées à elles-mêmes et, de l'autre, les républiques indépendantistes, les républiques baltes, la Moldavie, l'Arménie et la Géorgie, qui refusent de l'organiser car cela serait,

---

[18] Le Kazakhstan étant un cas à part en raison de l'importance de sa population russe et de sa proximité géographique avec la Russie.

pour elles, reconnaître leur appartenance à l'URSS, ce qui ne pourrait que freiner leur marche vers l'indépendance.

Le vote du 17 mars est l'occasion pour plusieurs républiques d'organiser des consultations locales destinées à marquer leur différence avec le pouvoir central. En définitive, là où le scrutin a lieu, le « oui » l'emporte dans toutes les républiques et toutes les républiques autonomes, à l'exception du Nakhitchevan en Azerbaïdjan (ce résultat local est dû au fait que cette région est alors dirigée par Heidar Aliev qui avait été évincé du pouvoir à Bakou par Mikhaïl Gorbatchev au bénéfice d'Ayaz Moutalibov) ; le taux d'approbation est de 76,4 % des suffrages exprimés avec une participation de 80 % ; dans les six républiques musulmanes, le taux d'approbation dépasse 90 % (75 % en Azerbaïdjan en raison du résultat au Nakhitchevan), ce qui illustre la mainmise du parti communiste sur ces territoires et la crainte des autorités locales de devoir se passer du centre.

Les républiques séparatistes organisent leur propre consultation à des dates différentes du 17 mars et partout les autorités républicaines emportent un large succès.

Le scrutin ne règle en rien l'opposition fondamentale entre Mikhaïl Gorbatchev et Boris Eltsine sur la place des républiques autonomes : le premier veut leur adhésion directe au Traité de l'Union afin d'affaiblir son rival alors que celui-ci veut précisément les en exclure afin de bien marquer leur subordination à la Russie, pour celles qui en font partie. Les autres républiques ne sont pas indifférentes au débat car elles craignent que par le canal des républiques autonomes, la RSFSR n'obtienne une majorité de fait dans les institutions fédérales ce qui les amènerait à lutter sur deux fronts, le centre et la Russie.

La crise politique retient toute l'attention des dirigeants au détriment du règlement de la crise économique alors que celle-ci s'aggrave. La coordination qui existait entre les ministères de branche et les autorités locales et assurait le fonctionnement du système économique soviétique, a cessé. De ce fait, la machine économique s'est grippée et la situation de la population s'en ressent fortement, les pénuries s'aggravent et le pays fait appel à l'aide alimentaire occidentale. Certains s'impatientent en raison de la dégradation de cette situation économique liée à la crise politique : Islam Karimov, le président ouzbek, se plaint ainsi de la lenteur du processus et du caractère centralisateur du projet : « La conclusion de ce nouveau traité traîne en longueur. Mais le projet qui nous est présenté sous sa forme actuelle est, à mon avis, un diktat voilé du centre, de ses ministères et administrations (…) je tiens à souligner que nous ne devons pas forcer ceux qui n'ont pas l'intention de signer le traité »[19] ; K. Abdoulaïev, président du Comité pour l'économie du Kazakhstan, estime, quant à lui, qu'il faut « signer sans attendre le traité de l'Union avec toutes les républiques qui se prononcent pour le maintien du pays, en laissant aux autres le droit de s'intégrer à l'Union à n'importe quel moment »[20]. En clair, certains dirigeants ne veulent pas que l'opposition de certaines républiques au processus politique retarde le règlement des questions économiques dont l'urgence se fait de plus en plus pressante.

En réponse à ces appels, le 23 avril 1991 se tient à Novo Ogarievo, près de Moscou, autour de Mikhaïl Gorbatchev, une réunion des présidents ou Premiers ministres des républiques désireuses de conclure. La déclaration publiée à l'issue appelle à l'accélération du processus et prend acte de la position des républiques indépendantistes : « Il est indispensable d'achever dans les délais les plus brefs l'élaboration du projet de nouveau traité de l'Union, de manière à ce que les délégations des républiques ci-dessous mentionnées (Russie, Ukraine, Biélorussie, Ouzbékistan, Kazakhstan, Azerbaïdjan, Tadjikistan, Kirghizstan et Turkménistan) puissent procéder à sa signature après concertation »[21]. Toutefois, les dirigeants des républiques ayant participé à la réunion considèrent qu'il est nécessaire d'établir un régime plus favorable pour les républiques signataires du traité d'Union dans le cadre de l'espace économique qu'elles constituent. La prise en compte de la position des républiques indépendantistes est donc accompagnée d'une menace d'emploi de l'arme économique, ce qui amène le président moldave, Mircea Snegur à réagir : « Nulle part nous n'avons déclaré que la république rompra ses liens d'un coup avec l'Union (…) nous n'avons pas l'intention de nous rattacher à la Roumanie »[22].

La déclaration dit donc explicitement qu'il n'y a pas encore d'accord sur un texte : ainsi l'Ukraine fait part de ses réticences par la voix de Leonid Kravtchouk, président du Soviet suprême : « le problème essentiel est la répartition des pouvoirs. Dans le projet d'accord il y a trois domaines de compétence : fédéral, républicain, partagé. Je suis opposé, pour ma part, à l'existence d'un domaine

---

[19] *Novosti*, Actualités soviétiques, 10 avril 1991.
[20] *Novosti*, Actualités soviétiques, 12 avril 1991.
[21] *Pravda*, 24 avril 1991.
[22] *Novosti*, Actualités soviétiques, 24 mai 1991.

partagé qui entraînerait automatiquement des conflits de compétence »[23]. Par cette prudence, Leonid Kravtchouk veut se prémunir tant contre une trop forte centralisation que contre une hégémonie de la Russie en cas d'échec des négociations.

Les républiques autonomes, tenues à l'écart de la discussion, sont les grandes perdantes de Novo Ogarievo ; elles sont amenées à accepter les termes de l'accord à la suite d'une réunion de leurs représentants avec Mikhaïl Gorbatchev et Boris Eltsine, seul le Tatarstan persiste dans son rejet du projet de traité et son exigence d'accéder au statut de république fédérée. Maigre consolation, les républiques autonomes seront conviées aux réunions suivantes.

Un troisième projet, hybride entre fédération et confédération, est publié en juillet 1991 : « L'Union des Républiques Souveraines Soviétiques intervient dans les relations internationales en tant qu'Etat souverain, sujet de droit international. (…) Les Etats constituant l'Union sont membres à part entière de la communauté internationale. Ils ont le droit d'instaurer des liens directs, diplomatiques, consulaires, commerciaux et autres avec des Etats étrangers, d'échanger avec eux des représentations plénipotentiaires, de conclure des traités internationaux et de participer à l'activité d'organisations internationales »[24]. Cependant le caractère fédéraliste est plus accentué, en particulier, chaque république ne dispose que d'une voix au sein du Soviet des républiques, indépendamment du nombre de ses représentants et le souci d'un espace économique unique est pris en compte : « La clause de la nation la plus favorisée est appliquée aux Etats qui ont signé le traité »[25].

Tout n'est pas réglé pour autant, les deux parties, centre et républiques, veulent prélever l'impôt. Un accord intervient les 1er et 2 août : l'impôt doit être levé par les Républiques qui reverseront au pouvoir central 10 % des recettes. La Russie envisage alors de signer le traité dès qu'il sera soumis à l'approbation des républiques, le 20 août. Le Kazakhstan fait de même alors que l'Ukraine reporte son examen en septembre. Pendant ce temps, les républiques poursuivent les consultations entre elles sans y convier le pouvoir central, toutefois, la dégradation de la situation économique impose une signature rapide car aucune mesure de redressement n'est possible sans une claire répartition des attributions et en particulier de la

---

[23] *Le Monde*, 29 mai 1991.
[24] *Krasnaïa Zvezda*, 28 juin 1991.
[25] *Krasnaïa Zvezda*, 28 juin 1991.

propriété des ressources naturelles qui, tels les hydrocarbures, constituent l'essentiel des revenus du budget. L'Arménie s'interroge sur la meilleure stratégie pour résoudre à son avantage la question du Haut-Karabakh ; son président, Levon Ter-Petrossian, a assisté comme observateur à la 4ème réunion du processus de Novo-Ogariévo le 23 juillet 1991 mais il a indiqué que le parlement ne se prononcerait sur le traité d'Union qu'après le référendum sur l'indépendance prévu le 21 septembre. Le traité ne sera jamais soumis aux républiques car le putsch est déclenché le 19 août précisément pour arrêter la procédure quand il en est encore temps.

Le fait que toutes les républiques n'ont pas participé aux discussions montre que les revendications indépendantistes sont inéluctables. Sur cette voie, les républiques baltes vont prendre les devants.

C'est la Lituanie qui est la plus rapide en proclamant son indépendance le 11 mars 1990. En janvier 1991, une intervention militaire soviétique s'empare de bâtiments gouvernementaux, fait couler le sang à Vilnius et à la frontière mais ne règle rien et les troupes soviétiques se retirent deux jours plus tard. La Lettonie proclame son indépendance le 4 mai 1990, l'URSS tente, là aussi sans succès, une reprise en main par une intervention militaire en janvier 1991. L'Estonie suivra de près, le 8 mai 1990. Une tentative de reprise en main militaire par le pouvoir soviétique échoue en janvier 1991 sans effusion de sang

Les trois indépendances sont définitivement acquises le 20 août 1991, au lendemain du putsch de Moscou, et reconnues par la Russie le 6 septembre. Les trois Etats baltes refusent d'adhérer à la Communauté des Etats indépendants. Ils tournent résolument le dos à la Russie tout en cherchant à avoir de bonnes relations avec elle ; ainsi, Lennart Meri, le premier président de la république estonienne, disait avec un certain humour noir « nous pouvons servir de pont entre l'Occident et la Russie, nous la connaissons bien, c'est nous qui avons mis en valeur la Sibérie », faisant allusion aux nombreuses déportations dont les Estoniens avaient été victimes, tant du fait de l'empire tsariste que du pouvoir soviétique.

La Géorgie est la première république à suivre l'exemple des Baltes, le 31 mars 1991, 90,08 % des votants se prononcent par référendum en faveur du rétablissement de l'indépendance du pays qui est proclamée par le parlement le 9 avril. Zviad Gamsakhourdia est élu triomphalement président de la République le 26 mai (plus de 86 % des voix avec une participation de 83 %).

Les autres républiques, suivant l'exemple de la RSFSR qui l'a fait le 12 juin 1990, ont seulement proclamé leur souveraineté, sans que l'on sache toujours très bien ce que recouvre ce terme, si ce n'est la primauté des lois républicaines sur les lois fédérales. C'est le cas de l'Ouzbékistan le 20 juin, de la Moldavie le 23, de l'Ukraine le 16 juillet, de la Biélorussie le 27, de l'Arménie le 23 août et du Turkménistan qui milite simultanément pour le maintien de l'Union soviétique pour des raisons économiques.

L'échec du putsch du 19 août 1991 signe de fait la fin de l'URSS et entraîne la totalité des républiques qui ne l'avaient pas fait à proclamer leur indépendance : l'Ukraine le 24 août, la Biélorussie le 25, la Moldavie le 27, l'Azerbaïdjan le 30. Les républiques d'Asie centrale, qui ne revendiquaient pas l'indépendance, sont obligées de suivre le mouvement : l'Ouzbékistan et le Kirghizstan le 31août, le Tadjikistan le 9 septembre et le Turkménistan le 27 octobre. Le Kazakhstan attend jusqu'au 16 décembre, donc après l'annonce de la disparition de l'URSS consécutive à la sortie des trois républiques slaves. Pour sa part, l'Arménie a organisé un référendum le 21 septembre et l'indépendance a été approuvée à 99 % des voix avec une participation de 95 %. La Russie est la seule à ne pas proclamer son indépendance car elle se place en successeur de l'URSS.

Ces proclamations d'indépendance, qui deviennent juridiquement effective le 26 décembre 1991 après la dissolution officielle de l'URSS, ne règlent pas les questions qui se posent à chacun des nouveaux Etats. La disparition de l'Union soviétique est rendue inéluctable par la signature le 8 décembre 1991, par les présidents russe, Boris Eltsine, ukrainien, Leonid Kravtchouk et biélorusse, Stanislaw Chouchkievitch, des accords de Minsk qui proclament la fin de l'URSS et son remplacement par la Communauté des Etats indépendants qui regroupe leurs trois Etats. Ces accords sont une expulsion de fait de l'Asie centrale de l'URSS, alors que ces républiques veulent maintenir des liens avec les républiques européennes, essentiellement pour des raisons économiques dans une situation de crise économique profonde qui touche fortement la population. A leur demande, la CEI, qui apparaît comme un garde-fou contre une éventuelle tendance hégémonique de la Russie, est ouverte aux nouveaux Etats volontaires. Tous, à l'exception des baltes et de la Géorgie, y adhèrent le 21 décembre 1991, traité que le Kazakhstan ratifie dès le 23, avant même la dissolution officielle de l'Union soviétique.

Cette séparation brutale, même si elle correspond parfois au souhait d'une partie importante des populations autochtones, ne prend pas en compte les réalités humaines sur le terrain. Elle fait fi du mélange des populations et des aspirations des minorités. Le recensement de 1989 donne la photographie de la situation dans les différentes républiques et des tendances qui se dessinent. Il convient donc d'en examiner les résultats de près.

La composition ethnique des républiques fédérées au moment de la disparition de l'URSS

L'Union soviétique était un Etat qui se revendiquait multinational, les limites administratives n'étaient pas des frontières et les citoyens soviétiques pouvaient s'installer dans n'importe quelle république sous la réserve notable d'avoir obtenu un permis de résidence, la *propiska,* héritage de l'époque tsariste. Il en est résulté un certain brassage de la population entre les républiques qui, compte tenu de l'écrasante supériorité numérique des Russes et des politiques de colonisation de peuplement menées par le régime soviétique dans le cadre de l'industrialisation du pays qui prolongeait celle menée par les tsars après les conquêtes, s'est fait essentiellement de la Russie vers les autres républiques. C'est ainsi qu'à la fin de l'URSS, 25 000 000 de Russes, soit 17 % du total, vivaient hors de Russie. Par son nombre, cette émigration russe en arrivait parfois à remettre en cause le caractère national de certaines républiques, c'est le cas tout particulièrement du Kazakhstan, de la Lettonie et de l'Estonie, par ailleurs, l'existence d'autres minorités locales suscitaient des tensions avec les différentes nationalités autochtones. Dans aucune des républiques il n'y a eu volonté des Russes de se fondre dans la population locale : ils sont toujours très majoritairement citadins et à plus de 95 % déclarent le russe comme langue maternelle ; la place et le rôle de cette langue en Union soviétique expliquent aisément qu'elle l'ait emporté sur les autres langues dans les familles mixtes.

La nationalité a assurément une signification personnelle mais c'est avant tout une notion administrative, aussi, pour mieux cerner la réalité, convient-il de lui associer la langue maternelle déclarée lors des recensements. André de Moura s'y est attaché à l'étude du recensement de 1959[26]. Il notait que sur les 12 000 000 de Soviétiques déclarant une autre langue maternelle que celle de leur nationalité, plus de 10 000 000 déclaraient le russe alors que les Russes déclaraient très majoritairement leur langue. On assistait donc, selon lui à une néo-russification spontanée,

---

[26] André de Moura, Nationalités et cultures nationales en URSS, *in* Population, 18ème année, 1963, pp. 144-148.

plus visible en ville que dans les campagnes, qui devait conduire à l'affaiblissement du sentiment national chez les peuples qui n'étaient pas organisés en république car ils ne bénéficiaient pas de l'appui de l'administration (en effet, les républiques fédérées et autonomes disposent de leurs constitution et législation propres). Actualisée avec les chiffres du recensement de 1989, cette étude donne les résultats suivants : 7,3 % des Soviétiques (20 839 915) déclarent une langue maternelle autre que celle de leur nationalité dont 90 % (18 742 649) déclarent le russe. Les Russes, pour ce qui les concerne, ne sont que 0,22 % (319 778) à déclarer une autre langue maternelle. Ces chiffres confirment l'évolution prévue par A. de Moura en 1963.

Le recensement de 1989, le dernier de l'ère soviétique, donne une bonne image de la situation au moment de l'éclatement de l'URSS survenu deux ans plus tard.

Nous étudierons ici la place des principales nationalités représentées dans la population de chaque république en 1989, en nous attardant sur le poids des Russes, ainsi que l'importance des principales minorités locales dans les différentes républiques en nous attachant à voir l'influence que les Russes pouvaient avoir au-delà de leur nombre. Nous mènerons cette étude selon l'ordre décroissant de la part des Russes dans la population des républiques.

KAZAKHSTAN

Nous avons vu que le Kazakhstan a été bâti par l'association de régions du Turkestan colonisées depuis longtemps par la Russie et de régions conquises au XIXe siècle. Par ailleurs, les politiques de développement industriel et agricole ont fait venir de nombreux Russes dans ce pays. En 1989, la situation était la suivante :

Répartition par nationalité et par type de résidence

Nationalité	Total		Population urbaine		Population rurale	
	Nombre	%	Nombre	%	Nombre	%
Total	16 464 464		9 402 582	57,1%	7 061 882	42,9%
Kazakhs	534 616	39,7%	2 506 306	38,4%	4 028 310	61,6%
Russes	6 227 549	37,8%	4 823 238	77,5%	1 404 311	22,5%
Allemands	957 518	5,8%	469 803	49,1%	487 715	50,9%
Ukrainiens	896 240	5,4%	584 824	65,3%	311 416	34,7%
Ouzbeks	332 017	2,0%	123 745	37,3%	208 272	62,7%

Source : recensement URSS 1989

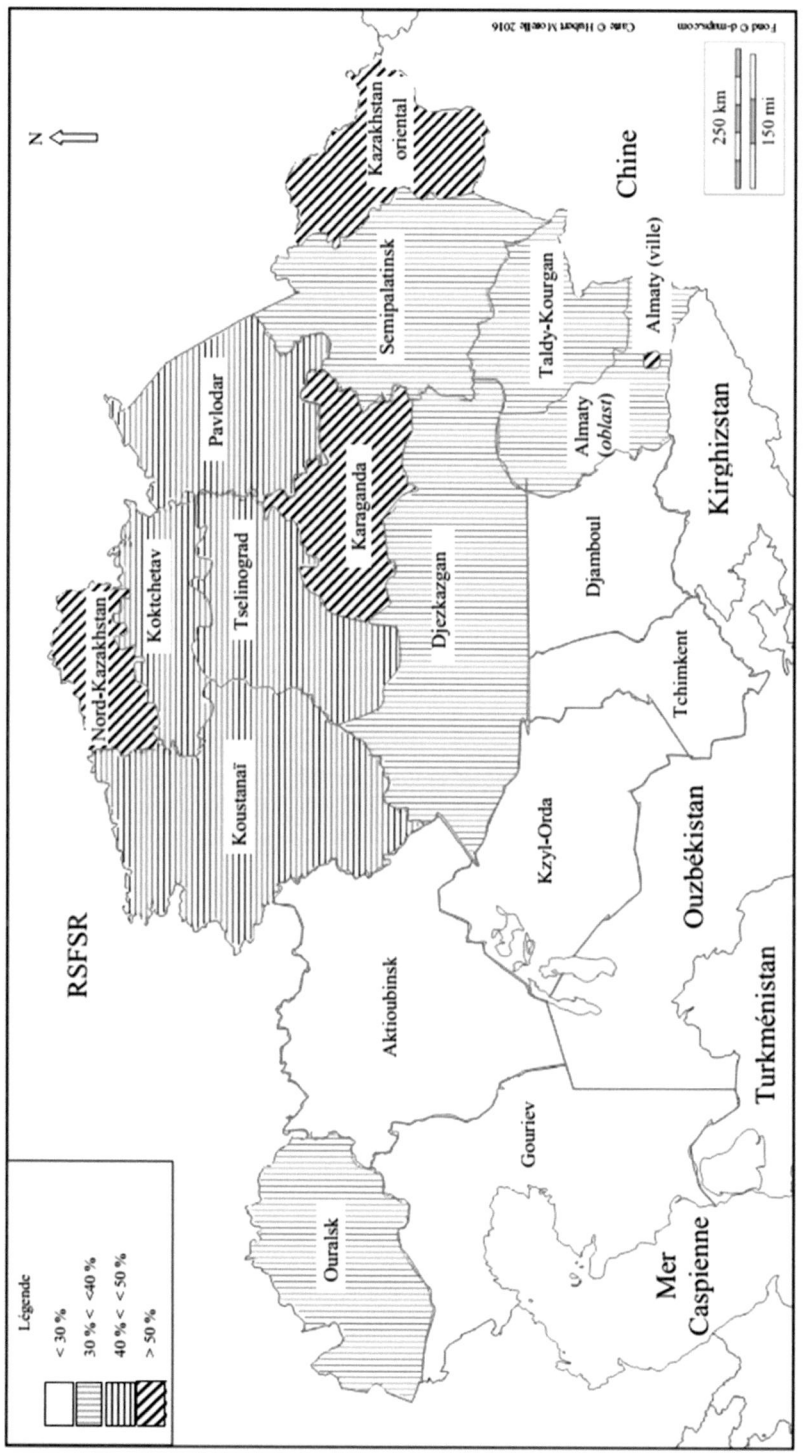

KAZAKHSTAN
Pourcentage de Russes par *oblast* en 1989

Langue maternelle par nationalité

Nationalité	Total		Langue maternelle kazakhe		Langue maternelle russe	
	Nombre	%	Nombre	%	Nombre	%
Total	16 464 464		6 467 683	39,3%	7 797 278	47,4%
Kazakhs	6 534 616	39,7%	6 441 387	98,6%	88 896	1,4%
Russes	6 227 549	37,8%	580	0,01%	6 224 252	99,9%
Allemands	957 518	5,8%	699	0,1%	434 650	45,4%
Ukrainiens	896 240	5,4%	189	0,02%	566 969	63,3%
Ouzbeks	332 017	2,0%	4 261	1,3%	9 204	2,8%

Source : recensement URSS 1989

La composition ethnique du Kazakhstan reflète bien l'histoire mouvementée de son peuplement dû pour une large part à l'immigration et aux déportations : en effet, en 1989, 30 nationalités y comprenaient plus de 10 000 membres, ce qui est sans égal parmi les républiques fédérées autres que la Russie. Le fait le plus marquant à l'examen des nationalités les plus représentées est le faible nombre relatif de Kazakhs. C'est la seule république fédérée dans laquelle les nationaux de la république n'atteignent pas le seuil des 50 % de la population ; les Kazakhs n'ont, et seulement de peu, qu'une faible majorité relative ; les Russes sont quasiment aussi nombreux qu'eux. De plus, si on ajoute aux Russes les Ukrainiens, les Biélorusses et les Allemands qui sont, bien évidemment, plus proches d'eux culturellement que des Kazakhs, on obtient un groupe européen majoritaire dans le pays. Cela est confirmé par les déclarations de langue maternelle : 47,4 % des habitants déclarent le russe alors que seulement 39,3 % déclarent le kazakh. Si l'on s'intéresse à la pratique courante de la langue, la position du russe est écrasante car il est parlé par plus de 83 % de la population alors que dans le même temps le kazakh ne l'est que par 40 %, soit quasiment le pourcentage des Kazakhs dans la population. Les Russes sont deux fois plus nombreux que les Kazakhs à vivre en ville ; ce taux d'urbanisation est, cependant, le deuxième plus faible de toutes les anciennes républiques soviétiques (hors RSFSR), après le Kirghizstan. Cela s'explique, outre par la colonisation du nord à l'époque tsariste, par la mise en valeur des terres agricoles par le régime soviétique qui s'est traduit par un fort mouvement d'émigration de la Russie vers le Kazakhstan rural dans les années cinquante et soixante. En ce qui concerne le niveau d'instruction, il n'y a pas d'écart sensible entre Russes et Kazakhs. Le niveau est au moins celui du secondaire pour respectivement 35,5 % et 35 % de la population.

Dans la durée, il y a eu une lente érosion de la part des Russes dans la population : 42,7 % en 1959, 42,4 % en 1970, 40,7 % en 1979 et 37,8 % en 1989. Toutefois, la population russe a régulièrement augmenté en nombre, passant de 3 972 000 en 1959 à 6 227 549 en 1989, avec un bond entre 1959 et 1970 correspondant au développement du pays suite à la campagne des terres vierges lancée en 1953. Parallèlement la part des Kazakhs s'est régulièrement développée : 29,8 % en 1959, 32,6 % en 1970, 36 % en 1979 et 39,7 % en 1989 ; c'est lors de ce dernier recensement que les Kazakhs sont pour la première fois la nationalité la plus nombreuse. Cette expansion des Kazakhs est due à un taux de natalité plus élevé.

La forte proportion d'Allemands s'explique par le fait qu'à la différence des autres peuples déplacés par Staline, ils n'ont pas pu retourner chez eux pendant la période de déstalinisation car leur république autonome n'a jamais été rétablie.

L'hétérogénéité ethnique du Kazakhstan est encore plus criante quand on regarde les choses de plus près, c'est-à-dire au plan régional[27].

Il convient de s'arrêter sur la minorité ouzbèque, alors qu'ils ne représentent guère que 2 % de la population totale, 85 % des Ouzbeks vivent dans l'*oblast* de Tchimkent, frontalier de l'Ouzbékistan, où ils constituent plus de 15 % de la population. Ils pourraient donc être un problème en cas de difficultés entre les deux pays qui sont en concurrence pour le leadership en Asie centrale. La Russie, qui a montré sa grande maîtrise pour intervenir dans d'autres Etats, comme arbitre voire pour attiser les oppositions, dans des conflits ethniques qui ne la concernaient pas directement ne saurait rester indifférente à une telle situation.

Toutefois, la question centrale reste la population russe. Elle est majoritaire dans chacun des *oblast* situés au nord-est d'une ligne Orenbourg – Almaty, à l'exception de ceux de Semipalatinsk, région désertique et polluée par les essais nucléaires qui s'y sont déroulés, et de Taldy-Kourgan qui la jouxte au sud. Ils sont également majoritaires dans celui de Tselinograd, aujourd'hui Astana, nouvelle capitale du pays. Au total, les Russes représentent 46,9 % (52,7 % avec les Ukrainiens) de la population de cette partie du pays contre 29 % pour

---

[27] Voir tableau 1 en annexe.

les Kazakhs. Cette forte présence russe, résultat de la colonisation tsariste, de l'exploitation des ressources naturelles et de l'industrialisation par les Soviétiques et de la mise en valeur des « terres vierges » lancée en 1953 par Nikita Khrouchtchev, est une épée de Damoclès suspendue au-dessus du Kazakhstan, d'autant que le pays partage 7 500 kilomètres de frontière commune avec la Russie.

LETTONIE

La Lettonie, comme les autres républiques européennes, a été marquée par la politique de russification menée aux différentes époques et a fait l'objet d'une colonisation de peuplement qui est allée très loin. Cette politique a été menée ici avec d'autant plus de facilité que les républiques baltes faisaient partie des régions les plus recherchées pour leur qualité de vie.

La décroissance de la part de la population lettonne est telle qu'on a pu craindre la disparition, à terme, du caractère letton de la république. Outre l'arrivée de Russes consécutivement à l'industrialisation du pays après la Seconde Guerre mondiale, plusieurs facteurs historiques renforcent cette situation : les Russes ont toujours été assez nombreux dans la région de Daugavpils, ancienne Livonie intérieure (la Lettonie abritait déjà 12,5 % de Russes dans les années trente) et les exécutions et déportations, qui ont suivi l'annexion soviétique et se sont poursuivies jusqu'au début des années 50, ont touché une part significative de la population lettonne. La situation au recensement de 1989 est la suivante :

Répartition par nationalité et par type de résidence

Nationalité	Total		Population urbaine		Population rurale	
	Nombre	%	Nombre	%	Nombre	%
Total	2 666 567		1 888 526	70,8%	778 041	29,2%
Lettons	1 387 757	52,0%	821 223	59,2%	556 534	40,1%
Russes	905 515	34,0%	769 525	85,0%	135 990	15,0%

Source : recensement URSS 1989

Langue maternelle par nationalité

Nationalité	Total		Langue maternelle lettonne		Langue maternelle russe	
	Nombre	%	Nombre	%	Nombre	%
Total	2 666 567		1 385 635	52,0%	1 122 076	42,1%
Lettons	1 387 757	52,0%	1 351 206	97,4%	35 732	2,6%
Russes	905 515	34,0%	10 397	1,1%	894 293	98,8%

Source : recensement URSS 1989

Les Lettons ne sont que faiblement majoritaires dans leur république et cette majorité est en décroissance constante : elle passe de 62 % en 1959, à 56,8 % en 1970 et 54 % en 1979, elle avait donc tendance à se ralentir, sans toutefois donner de signe d'arrêt. Les Russes, de leur côté, représentent plus du tiers de la population, taux qui n'a cessé de croître : 27 % en 1959, 30 % en 1970 et 33 % en 1979. Les deux nationalités restent bien chacune de son côté avec respectivement 97 et 99 % de leurs membres ayant pour langue maternelle celle de leur nationalité. Il est clair que les Russes ne cherchent pas à se mélanger aux Lettons. Si on ajoute les Biélorusses et les Ukrainiens, qui représentent 7,9 % de la population, les Lettons ne dépassent le groupe slave que de 10 % de la population totale ; ce regroupement des Slaves a d'autant plus de signification que plus de 50 % des Biélorusses et des Ukrainiens déclarent le russe comme langue maternelle alors qu'ils sont très peu nombreux à déclarer le letton. Les Russes sont très majoritairement citadins, ce qui est le résultat de la politique de russification liée à l'industrialisation. La minorité significative de ruraux est principalement située dans la région de Daugavpils et correspond aux Russes d'implantation ancienne. Si on étudie le niveau d'instruction, on constate que les ruraux russes ont un niveau d'études inférieur à celui des ruraux lettons. Pour ce qui est des populations urbaines, les niveaux sont comparables.

Les Lettons sont très différents des Russes, au plan ethnographique, les premiers sont du groupe slave baltique alors que les seconds sont slaves, il en est donc de même de leur langue respective, avec des emprunts aux langues finno-ougriennes pour le letton ; ils n'ont pas la même religion, essentiellement protestante pour les uns, orthodoxe pour les autres. Ils ont en partage principalement entre un et deux siècles (selon les régions) d'appartenance à l'empire des tsars et cinquante ans à l'Union soviétique mais, dans les deux cas, pas sur un pied d'égalité.

ESTONIE

En Estonie, au recensement de 1989, la structure de la population est la suivante :

Répartition par nationalité et par type de résidence

Nationalité	Total		Population urbaine		Population rurale	
	Nombre	%	Nombre	%	Nombre	%
Total	1 565 662		1 118 829	71,5%	446 833	28,5%
Estoniens	963 281	61,5%	572 547	59,4%	390 734	40,6%
Russes	474 834	30,3%	436 708	92,0%	38 126	8,0%

Source : recensement URSS 1989

Langue maternelle par nationalité

Nationalité	Total		Langue maternelle estonienne		Langue maternelle russe	
	Nombre	%	Nombre	%	Nombre	%
Total	1 565 662		968 994	61,9%	544 933	34,8%
Estoniens	963 281	61,5%	953 032	98,9%	10 076	1,0%
Russes	474 834	30,3%	6 198	1,3%	468 216	98,6%

Source : recensement URSS 1989

On constate que les Estoniens représentent moins des deux tiers de la population, ce qui est d'autant plus remarquable qu'il s'est agi d'un mouvement inscrit dans la durée : alors que la population était composée à 90 % d'Estoniens au début des années 1940, cette proportion est passée à 74,6 % en 1959, 68,2 % en 1970 et 64,7 % en 1979 ; le mouvement s'est donc prolongé jusqu'à la fin de l'URSS. Parallèlement, les Russes représentent près du tiers de la population ; cette proportion étant dépassée si on agrège aux Russes les 5 % d'Ukrainiens et de Biélorusses. Cette russification de la population est aussi d'une tendance lourde puisque les Russes ne constituaient que 20,1 % de la population en 1959 après la première période d'industrialisation. On peut affiner ces chiffres en examinant la langue maternelle déclarée, cela ne joue cependant que sur des décimales car pour les deux nationalités, c'est la quasi-totalité de la population qui a sa propre langue comme langue maternelle. Il faut également noter que la population russe n'est pas totalement homogène : 15 000 d'entre eux sont des « vieux croyants » dont les ancêtres se sont installés en Estonie pour fuir les persécutions d'Ivan le Terrible consécutives au *raskol*, le schisme de l'Eglise orthodoxe. Parmi les autres minorités, seuls les Finlandais et les Lettons déclarent l'estonien comme langue maternelle dans une proportion significative, respectivement 40 % et 13 %, ce qui s'explique pour les premiers par la proximité des deux langues, toutefois, leur faible nombre ne leur permet pas d'influer sur les statistiques.

La structure de la population traduit bien l'aspect colonial de la présence russe : les 92 % de Russes habitant en ville soulignent le lien entre population russe et industrialisation. Cette position des Russes est renforcée par le niveau des études : 39 % d'entre eux ont fait des études supérieures ou terminé des études secondaires alors que les Estoniens ne sont que 34 % dans ce cas ; différence qui peut s'expliquer par la plus grande ruralité des Estoniens. La répartition des Russes n'est, en outre, pas uniforme géographiquement car ils constituent la presque totalité de la population du district de Narva situé à la partie nord de la frontière russe.

Les Estoniens et les Russes sont socialement très différents, les uns sont finno-ougriens alors que les autres sont slaves, il en est de même de leur langue respective ; ils n'ont pas la même religion, protestante pour les premiers, orthodoxe pour les seconds. Ils ont essentiellement en partage, comme les Lettons, leur appartenance à l'empire des tsars pendant deux siècles et à l'Union soviétique pendant cinquante ans mais, ici aussi, pas sur un pied d'égalité.

KIRGHIZSTAN

La composition ethnique du pays porte bien la trace de son passé avec une forte proportion de Russes qui remonte à la colonisation de la fin du XIXe siècle et avec un nombre significatif de peuples déplacés, Allemands, Tatars de Crimée et Tchétchènes notamment, comme ailleurs en Asie centrale.

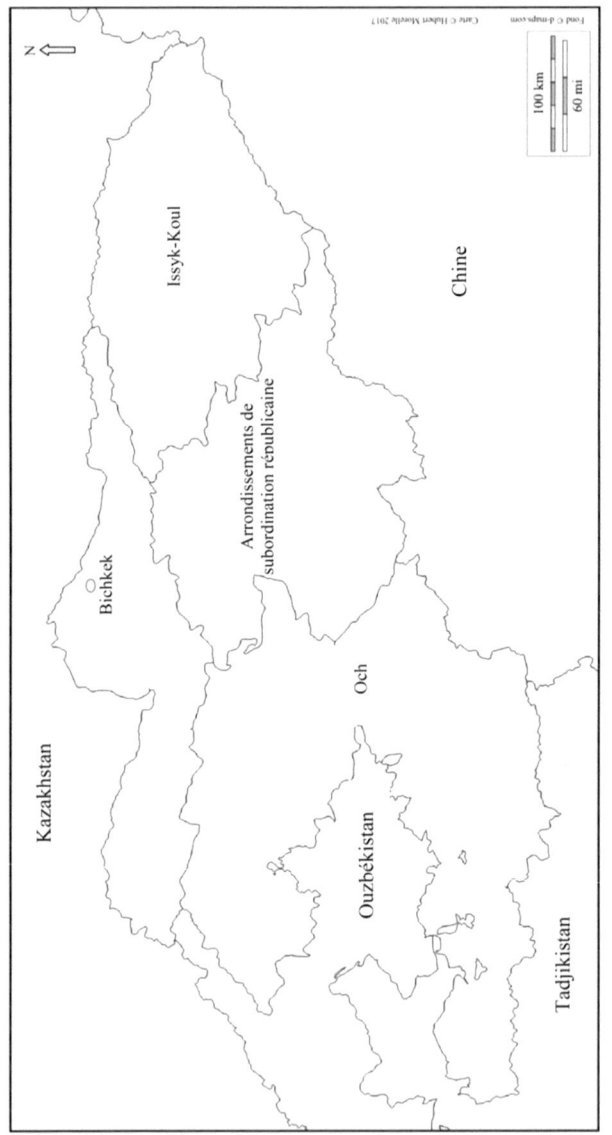

KIRGHIZSTAN
Carte administrative en 1989

Répartition par nationalité et par type de résidence

Nationalité	Total		Population urbaine		Population rurale	
	Nombre	%	Nombre	%	Nombre	%
Total	4 257 755		1 624 535	38,2%	2 633 220	61,8%
Kirghizes	2 229 663	52,4%	485 191	21,8%	1 744 472	78,2%
Russes	916 558	21,5%	641 049	69,9%	275 509	30,1%
Ouzbeks	550 096	12,9%	206 512	37,5%	343 584	62,5%

Source : recensement URSS 1989

Langue maternelle par nationalité

Nationalité	Total		Langue maternelle kirghize		Langue maternelle russe	
	Nombre	%	Nombre	%	Nombre	%
Total	4 257 755		2 239 044	52,6%	1 090 667	25,6%
Kirghizes	2 229 663	52,4%	2 219 324	99,5%	7 402	0,3%
Russes	916 558	21,5%	85	0,01%	915 891	99,9%
Ouzbeks	550 096	12,9%	4 177	0,8%	5 031	0,9%

Source : recensement URSS 1989

Les Kirghizes dépassent à peine les 50 % et sont même largement minoritaires dans leur capitale, Bichkek. Il s'agit après le Kazakhstan, du plus faible pourcentage des républiques soviétiques, quasiment au même niveau que la Lettonie mais ici la raison principale en est la colonisation rurale importante qui a suivi la conquête russe, ce qui explique également que les Russes sont moins citadins que dans les autres républiques puisque 30 % d'entre eux vivent à la campagne. Rares sont ceux qui déclarent le kirghiz comme langue maternelle et ils sont seulement 1 % à le parler. Si moins de 1 % des Kirghizes déclarent le russe comme langue maternelle, un tiers d'entre eux le parle couramment. Le niveau d'instruction des Russes, bien que supérieur à celui des Kirghizes, ne l'est pas très nettement : 38,7 % contre 33 % ont un niveau au moins égal au secondaire, ce qui s'explique par l'importance de la ruralité de la population russe. Bien qu'en augmentation constante en valeur absolue, leur nombre passant de 624 000 en 1959 à 918 500 en 1989, soit une augmentation de près de 50 %, la part des Russes diminue en valeur relative dans le même temps de 30,2 % à 21,5 %. Les Ouzbeks constituent une minorité importante avec 13 % de la population. Cela est d'autant plus important qu'ils ne sont pas répartis uniformément[28] : ils constituent plus du quart de la population de *l'oblast* d'Och, précisément là où des heurts interethniques ont surgi à plusieurs reprises à la fin de l'époque soviétique Ils sont plus citadins que les Kirghizes mais ont des difficultés à se mêler à la population locale car seulement 2 % d'entre eux parlent la langue locale alors qu'ils sont 38 % à parler le russe.

BIÉLORUSSIE

Saignée par les guerres des XVIIe, XVIIIe et XXe siècles, la population de la Biélorussie se caractérise par son homogénéité et est largement dominée par les Biélorusses qui représentent plus des trois quarts du total avec une seule minorité qui dépasse légèrement les 10 %, les Russes. Quasi stable entre 1959 et 1970, à 81 %, la part des Biélorusses décroît par la suite : 79,3 % en 1979 et 77,9 % en 1989. Parallèlement, la présence des Russes s'accroît régulièrement : 8,2 % en 1959, 10,4% en 1970, 11,8 % en 1979 et 13,2 % en 1989. Cela peut s'expliquer par le développement industriel de la Biélorussie qui est intervenu après la reconstruction, qui s'est terminée au début des années soixante, industrialisation qui s'est accompagnée d'apport de population russe. Les Polonais, pour leur part, sont restés stables à 4 %.

Répartition par nationalité et par type de résidence

Nationalité	Total		Population urbaine		Population rurale	
	Nombre	%	Nombre	%	Nombre	%
Total	10 151 806		6 641 377	65,4%	3 510 429	34,6%
Biélorusses	7 904 623	77,9%	4 866 251	61,6%	3 038 372	38,4%
Russes	1 342 099	13,2%	1 164 421	86,8%	177 678	13,2%
Polonais	417 720	4,1%	200 635	48,0%	217 085	52,0%
Ukrainiens	291 008	2,9%	234 059	80,4%	56 949	19,6%

Source : recensement URSS 1989

---

[28] Voir tableau 2 en annexe.

Langue maternelle par nationalité

Nationalité	Total		Langue maternelle biélorusse		Langue maternelle russe	
	Nombre	%	Nombre	%	Nombre	%
Total	10 151 806		6 664 156	65,6%	3 243 179	31,9%
Biélorusses	7 904 623	77,9%	6 341 410	80,2%	1 559 832	19,7%
Russes	1 342 099	13,2%	29 885	2,2%	1 311 043	97,7%
Polonais	417 720	4,1%	266 790	63,9%	94 204	22,6%
Ukrainiens	291 008	2,9%	17 016	5,8%	141 745	48,7%

Source : recensement URSS 1989

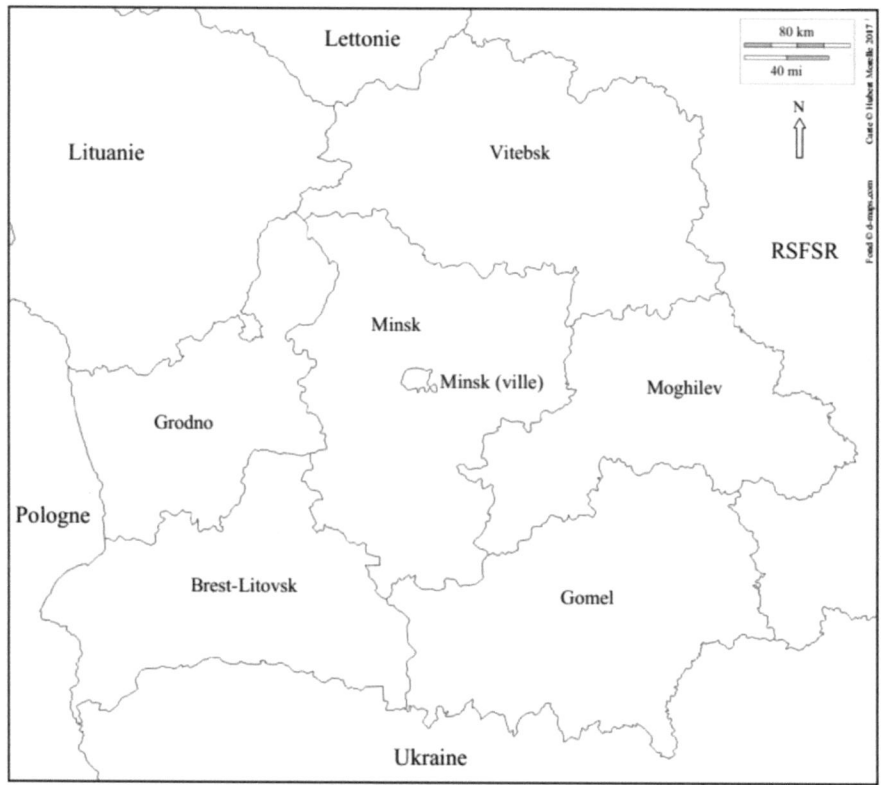

BIÉLORUSSIE
Carte administrative en 1989

Comme dans les autres républiques, la population russe est principalement urbaine (86,8 %), ce qui correspond bien aux apports de populations liés à l'industrialisation. Sans surprise, rares sont les Russes qui considèrent le biélorusse comme leur langue maternelle ; ils sont même seulement un quart à le pratiquer couramment, ce qui s'explique dans le contexte de l'URSS et de la prédominance de la langue russe ; cela ne les gêne pas dans leurs contacts avec les Biélorusses puisque ces derniers sont 80 % à parler couramment le Russe et que les deux langues sont très proches. Cela n'en dénote pas moins un manque d'effort pour se fondre dans la population locale.

Bien qu'ils ne représentent pas 3 % de la population, il est intéressant de noter la similitude des caractéristiques de la population ukrainienne avec celles des Russes : taux d'urbanisation élevé, très peu ayant le biélorusse comme langue maternelle (ils sont même plus nombreux à déclarer le russe que l'ukrainien) que peu d'entre eux parlent (seulement 16 %). Il est donc clair que ces Ukrainiens ne sont pas en Biélorussie de longue date mais sont venus, comparativement plus encore que les Russes, pour participer à l'industrialisation du pays. La position des Russes et des Ukrainiens est renforcée par leur niveau d'études ; les premiers sont 57 % à avoir au moins terminé l'enseignement secondaire et les seconds 53 % alors que les Biélorusses ne sont que 27 % dans ce cas. Il n'y a pas de terres anciennement ukrainiennes en Biélorussie, seuls les *oblast* frontaliers ont une proportion d'Ukrainiens qui atteint 4 %.

Une minorité mérite un examen particulier, les Polonais, qui constituent la troisième nationalité en nombre. Ils sont la seule nationalité à être majoritairement rurale et la plupart (63,9 %) considèrent le biélorusse comme leur langue maternelle ; ce sont les descendants des Polonais qui vivaient dans la région annexées par l'URSS en 1939 et qui n'ont pas été déportés en Sibérie, ni renvoyés en Pologne, malgré leur demande, car la Biélorussie avait besoin de bras pour sa reconstruction. En effet, 71,8 % d'entre eux vivent près de la frontière polonaise, dans l'*oblast* de Grodno dont ils représentent un quart de la population. Il est évident qu'ils font tout pour se fondre dans la population mais ne s'en trouvent pas récompensés au plan de l'instruction puisque seulement 16 % d'entre eux ont terminé l'école secondaire. Quand on examine la population par nationalité dans chaque région administrative[29] on ne trouve pas d'écart sensible avec les chiffres nationaux hormis la position des Polonais dans l'*oblast* de Grodno mentionnée ci-dessus et, sans surprise, une présence plus importante (20 %) des Russes dans l'agglomération de Minsk.

---

[29] Voir tableau 3 en annexe.

MOLDAVIE

De toutes les républiques européennes, la Moldavie a été la seule à devoir faire face dès son indépendance à des phénomènes nationalistes initiés par ses minorités russe et gagaouze.

En 1989, la composition ethnique de la Moldavie était la suivante :

Répartition par nationalité et par type de résidence

Nationalité	Total		Population urbaine		Population rurale	
	Nombre	%	Nombre	%	Nombre	%
Total	4 335 360		2 020 120	46,6%	2 315 240	53,4%
Moldaves	2 794 749	64,5%	935 947	33,5%	1 858 802	66,5%
Russes	562 069	13,0%	483 742	86,1%	78 327	13,9%
Ukrainiens	600 366	13,8%	379 024	63,1%	221 342	36,9%
Gagaouzes	153 458	3,5%	63 057	41,1%	90 401	58,9%
Roumains	2 477	0,1%	1 891	76,3%	586	23,7%

Source : recensement URSS 1989

Langue maternelle par nationalité

Nationalité	Total		Langue maternelle moldave		Langue maternelle russe	
	Nombre	%	Nombre	%	Nombre	%
Total	4 335 360		2 687 793	62,0%	1 003 563	23,1%
Moldaves	2 794 749	64,5%	2 666 643	95,4%	120 368	4,3%
Russes	562 069	13,0%	3 428	0,6%	557 146	99,1%
Ukrainiens	600 366	13,8%	9 483	1,6%	220 129	36,7%
Gagaouzes	153 458	3,5%	1 733	1,1%	11 365	7,4%
Roumains	2 477	0,1%	1 310	52,9%	309	12,5%

Source : recensement URSS 1989

Au nombre des Moldaves, on pourrait ajouter les 2 477 Roumains, cela ne changerait cependant pas l'analyse car ce chiffre n'est pas significatif relativement à la question étudiée. Les Moldaves sont principalement ruraux, ce qui traduit bien l'évolution historique du pays et le résultat de la russification de l'époque soviétique, l'industrialisation, qui s'est déroulée principalement en Transnistrie, s'étant accompagnée de la venue de Russes et d'Ukrainiens en ville où vivent la très grande majorité d'entre eux. Il faut noter que le nombre des Ukrainiens est supérieur à celui des Russes, sans doute est-ce le résultat des politiques de colonisation menées dès Catherine II du fait de la proximité de l'Ukraine. Il est certain que tous les Ukrainiens ne sont pas unanimes, certains penchent du côté de la Russie et d'autres du côté de l'Ukraine, ce qui les conduit à se rapprocher des nationalistes moldaves. Si on se réfère à leur langue maternelle, ils sont 37 % à déclarer le russe alors que 61,6 % déclarent l'ukrainien alors que très peu déclarent le moldave. En première approche, on peut considérer que les Ukrainiens de langue maternelle russe, soit le tiers d'entre eux, partagent les positions des Russes. La proportion de Moldaves varie peu dans le temps : 65, 4 % en 1959, 64,6% en 1970, 63,9 % en 1979 avant la légère remontée de 1989 alors que celle des Russes a augmenté faiblement mais régulièrement de 1959 (10,2 %) à 1989 (13 %). La position des Russes est renforcée quand on examine le niveau d'études 49,6 % d'entre eux ont au minimum terminé les études secondaires alors que seulement 14,5 % des Moldaves sont dans ce cas. Un tel écart ne se justifie pas par la structure de la population moldave, il y a un vrai retard éducatif.

TURKMÉNISTAN

Peu peuplé, tardivement conquis par les Russes et très excentré le Turkménistan est peu marqué démographiquement par les Russes.

Répartition par nationalité et par type de résidence

Nationalité	Total		Population urbaine		Population rurale	
	Nombre	%	Nombre	%	Nombre	%
Total	3 522 717		1 591 148	45,2%	1 931 569	54,8%
Turkmènes	2 536 606	72,0%	856 393	33,8%	680 213	66,2%
Russes	333 892	9,5%	323 480	96,9%	10 412	3,1%
Ouzbeks	317 333	9,0%	163 724	51,6%	153 609	48,4%

Source : recensement URSS 1989

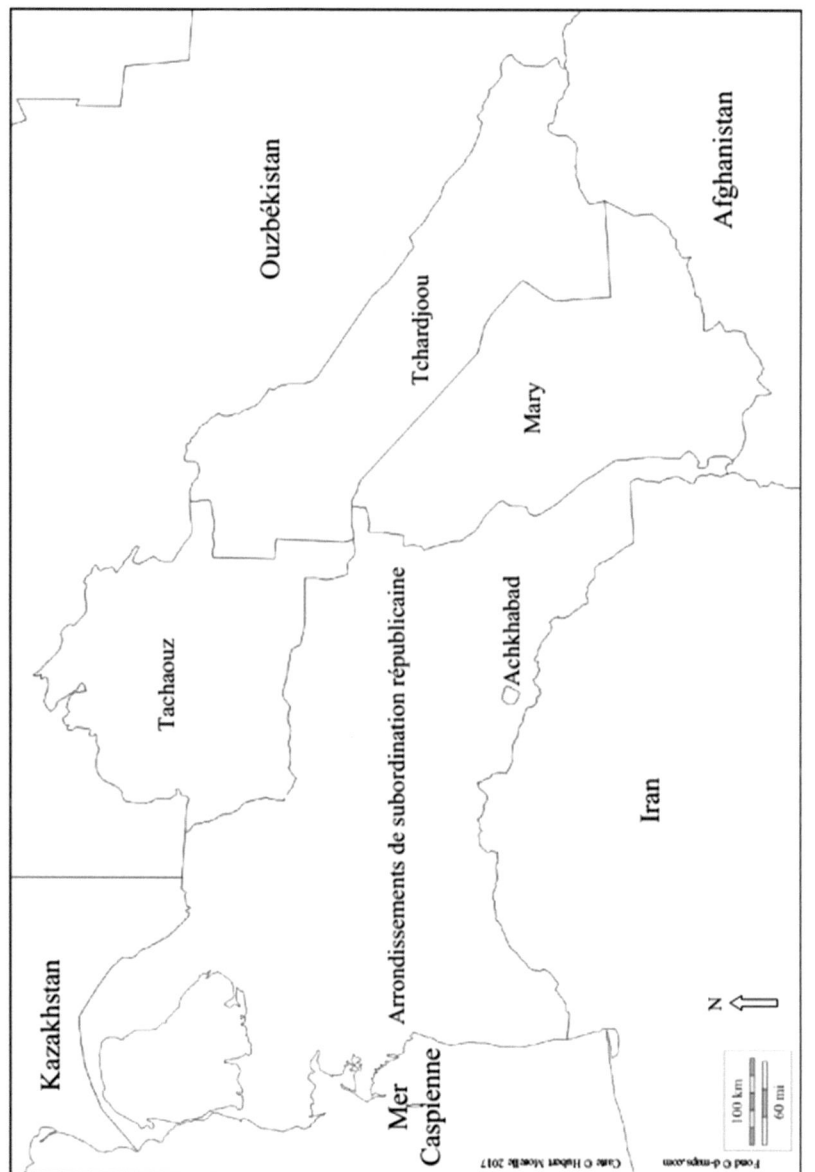

TURKMENISTAN
Carte administrative en 1989

Langue maternelle par nationalité

Nationalité	Total		Langue maternelle turkmène		Langue maternelle russe	
	Nombre	%	Nombre	%	Nombre	%
Total	3 522 717		2 533 523	71,9%	421 015	12,0%
Turkmènes	2 536 606	72,0%	2 517 280	99,2%	18 052	0,7%
Russes	333 892	9,5%	120	0,04%	333 575	99,9%
Ouzbeks	317 333	9,0%	10 417	3,3%	4 555	1,4%

Source : recensement URSS 1989

Les Turkmènes constituent près des trois quarts de la population alors que les Russes sont moins de 10 %, talonnés par les Ouzbeks. Les Ukrainiens et les Biélorusses, que l'on pourrait ici assimiler aux Russes, ne représentent que 1 % de la population. Comme toujours en Asie centrale, les Russes vivent presqu'exclusivement en ville dont 40 % dans la capitale, Achkhabad. Leur nombre a augmenté jusqu'en 1979 (349 170) pour régresser ensuite alors que la forte natalité faisait progresser régulièrement le nombre de Turkmènes qui est passé de 924 000 en 1959 à plus de 2,5 millions en 1989 ; de ce fait, la part des Russes dans la population a constamment régressé, passant de 17,3 % à 9,5 %. Le décalage du niveau d'instruction des deux communautés est important : alors que 43,6 % des Russes ont au moins un niveau secondaire, les Turkmènes ne sont que 29 % dans ce cas. Par ailleurs, les uns et les autres déclarent en quasi-totalité la langue de leur nationalité comme langue maternelle. Il n'y a clairement pas de brassage de population, on est dans une société de type colonial avec des Russes plus éduqués, totalement urbanisés et vivant entre eux. Les Ouzbeks, sensiblement aussi nombreux que les Russes, vivent dans les régions proches d'Ouzbékistan[30], et représentent même un tiers de la population de l'*oblast* de Tachaouz. Ils sont nettement plus citadins que les Turkmènes et ont un niveau d'instruction équivalent. Cette concentration pourrait poser problème en cas de difficulté entre les deux pays car cette région, frontalière de l'Ouzbékistan et très excentrée au Turkménistan. L'Ouzbékistan, qui ne saurait se désintéresser du sort des Ouzbeks vivant hors de ses frontières, pourrait alors être tenté de s'emparer de la vallée de l'Amou Daria et de son coton, privant le Turkménistan d'une de ses richesses, et les

---

[30] Voir tableau 4 en annexe.

trois millions de Turkmènes ne feraient pas le poids face aux 30 millions d'Ouzbeks.

LITUANIE

La Lituanie, qui a été une des républiques où le nationalisme s'est manifesté de la manière la plus voyante et la plus régulière pendant la période soviétique, a été moins touchée par la colonisation humaine.

Répartition par nationalité et par type de résidence

Nationalité	Total		Population urbaine		Population rurale	
	Nombre	%	Nombre	%	Nombre	%
Total	3 674 802		2 486 832	68%	1 187 970	32%
Lituaniens	2 924 251	79,6%	1 899 162	65%	1 025 089	35%
Russes	344 455	9,4%	309 116	90%	35 339	10%
Polonais	257 994	7,0%	148 945	58%	109 049	42%

Source : recensement URSS 1989

Langue maternelle par nationalité

Nationalité	Total		Langue maternelle lituanienne		Langue maternelle russe	
	Nombre	%	Nombre	%	Nombre	%
Total	3 674 802		2 946 305	80,2%	429 244	11,7%
Lituaniens	2 924 251	79,6%	2 912 247	99,6%	7 621	0,3%
Russes	344 455	9,4%	14 040	4,1%	329 309	95,6%
Polonais	257 994	7,0%	12 951	5,0%	23 829	9,2%

Source : recensement URSS 1989

Au sein d'une population nettement plus importante que dans les autres Etats baltes, les Lituaniens sont très largement majoritaires. Leur part dans la population est restée remarquablement stable au fil des ans : 79,3 % en 1959, 80,1 % en 1970, 80,1 % en 1979 ; il en est de même des Russes. On n'a donc pas assisté à une russification de la population de la Lituanie pendant la période soviétique mais on trouve les Russes très majoritairement en ville, ce qui traduit quand même une relative russification de l'administration et du secteur industriel. En revanche, on trouve une nette domination des Russes en ce qui concerne le niveau d'études : 42,3 % d'entre eux ont au moins terminé l'enseignement secondaire alors que les Lituaniens ne sont que

23, 8 % dans ce cas, ce phénomène est sans doute influencé par l'importante population rurale lituanienne. On retrouve trace de l'histoire commune avec la Pologne dans la population avec la présence de 7 % de Polonais. Le nationalisme des Lituaniens se retrouve dans la pratique linguistique puisqu'ils sont près de 100 % à déclarer le lituanien comme langue maternelle, alors que les Russes sont très peu nombreux dans ce cas ; ils sont toutefois proportionnellement trois fois plus nombreux que dans les deux autres Etats baltes à avoir la langue locale comme langue maternelle ; on ne peut pas parler d'intégration avec un chiffre de 5 % ; la tendance est cependant à noter, elle est sans doute due au relativement faible nombre de Russes qui favorise les mélanges de population. Les Polonais ont également conservé leur particularisme, 85 % d'entre eux ont le polonais comme langue maternelle et ils sont sensiblement au niveau des Russes pour ce qui est de leur rapport au lituanien. Leur répartition géographique porte la trace de l'histoire : 42 % d'entre eux résident dans la ville de Vilnius dont ils représentent 19 % de la population. Autre marque de l'histoire, les Juifs ont pratiquement disparu au cours de la Seconde Guerre mondiale, ils ne sont plus 12 314 contre plusieurs centaines de milliers avant l'invasion allemande de 1941.

OUZBÉKISTAN

L'Ouzbékistan est le pays le plus peuplé d'Asie centrale dans laquelle les 15 millions d'Ouzbeks représentent 35 % de la population. A la différence du Kazakhstan, il présente une forte homogénéité ethnique. Les Ouzbeks constituaient, en nombre, la troisième nationalité de l'URSS après les Russes et les Ukrainiens, ce qui donne du poids à leur volonté de peser sur la politique régionale.

Répartition par nationalité et par type de résidence

Nationalité	Total		Population urbaine		Population rurale	
	Nombre	%	Nombre	%	Nombre	%
Total	19 810 077		8 040 963	40,6%	11 769 114	59,4%
Ouzbeks	14 142 475	71,4%	4 320 026	30,5%	9 822 449	69,5%
Russes	1 653 478	8,3%	1 567 630	94,8%	85 848	5,2%
Tadjiks	933 560	4,7%	301 315	32,3%	632 245	67,7%

Source : recensement URSS 1989

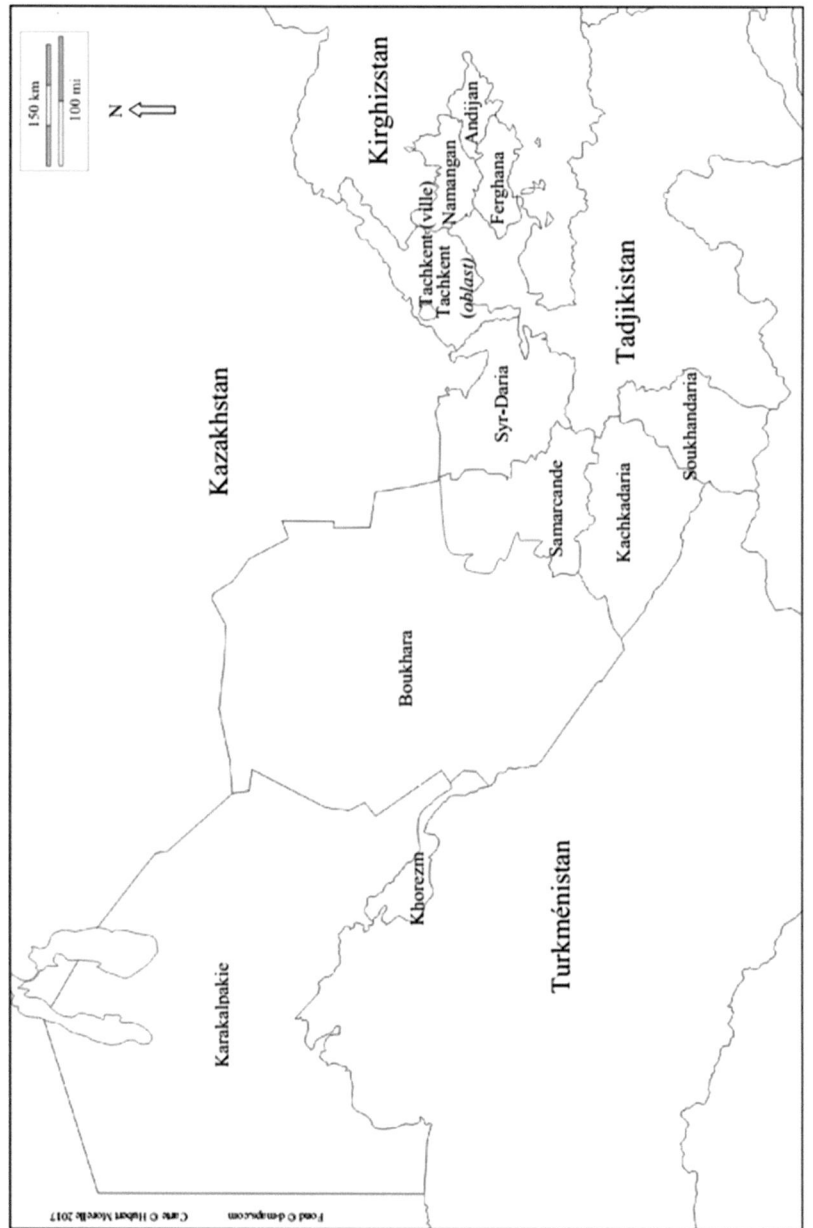

OUZBEKISTAN
Carte administrative en 1989

Langue maternelle par nationalité

Nationalité	Total		Langue maternelle ouzbèque		Langue maternelle russe	
	Nombre	%	Nombre	%	Nombre	%
Total	19 810 077		14 128 089	71,3%	2 151 634	10,9%
Ouzbeks	14 142 475	71,4%	13 955 712	98,7%	63 568	0,4%
Russes	1 653 478	8,3%	962	0,06%	1 651 513	99,9%
Tadjiks	933 560	4,7%	47 297	5,1%	7 852	0,8%

Source : recensement URSS 1989

En 1989, les Ouzbeks représentent près des trois quarts de la population alors qu'aucune minorité ne dépasse les 10 %, la plus nombreuse étant constituée des Russes. Toutefois, ce constat, valable pour la république dans sa globalité, n'est pas valable à l'échelon local. Des minorités significatives des ressortissants des Etats voisins se trouvent dans les régions frontalières de ceux-ci[31], les Tadjiks étant les seuls à approcher les 5 % de la population totale. On note la présence d'une minorité locale, les Karakalpaks, dont les trois quarts résident dans la République autonome de Karakalpakie. S'il ne fait pas de doute que les Ukrainiens et les Biélorusses se sentent plus proches des Russes que des Ouzbeks, ensemble ils ne constituent que 1 % de la population et ne changent donc pas l'analyse. Alors que les Ouzbeks sont ruraux à près de 70 %, les Russes, comme toujours, sont presqu'exclusivement des citadins (95 %), et répartis de façon très hétérogène ; hors de l'*oblast* et de l'agglomération de Tachkent, dans laquelle vivent plus de 40 % d'entre eux, ils ne représentent que 3 % de la population. Chacune des communautés déclare à près de 100 % sa langue comme langue maternelle (moins de 1 000 Russes déclarent l'Ouzbek). La démographie est nettement favorable aux Ouzbeks qui sont passés de 5 038 000 en 1959 à 14 142 475 en 1989, soit une augmentation de 280 % alors que dans le même temps les Russes sont passés de 1 092 000 à 1 653 478, soit une augmentation de seulement 51 %. Il y a donc une réduction du poids relatif de la population russe (de 13,5 % en 1959 à 8,3 % en 1989) sans que ce constat se traduise corrélativement par un transfert des responsabilités en raison de l'écart important entre les niveaux d'instruction des deux communautés, 46 % des Russes ont au moins terminé l'enseignement secondaire contre 34 % des Ouzbeks. On est encore dans une situation de type

---

[31] Voir tableau 5 en annexe.

colonial en 1989 avec peu de mélange des deux communautés. L'Ouzbékistan est aussi marqué par son rôle de lieu d'implantation des peuples déplacés même s'ils ne pèsent pas démographiquement. On a ainsi 24 nationalités d'un effectif supérieur à 10 000, dont des Allemands, des Tatars de Crimée (pour la première fois recensés comme tels en 1989) et des Coréens. Les Turcs Meshkets ne sont pas recensés sous cette appellation : ce sont des Géorgiens islamisés (chiites) et turcisés qui ont été déportés en 1944 ; ils n'ont pas le droit de retourner dans leur région d'origine mais sont autorisés à s'installer en Azerbaïdjan, pays dont ils sont proches par la langue et la religion et dont certains ont la nationalité dans le cadre du recensement (les autres étant probablement recensés comme Turcs). En 1989, de graves pogroms anti-meshkets sont perpétrés par les Ouzbeks dans la vallée de la Ferghana.

Une minorité locale importante est constituée par les Kazakhs qui représentent plus du quart de la population de la RSSA de Karakalpakie, car des territoires kazakhs ont été incorporés à cette république lors de sa création. On trouve d'autres minorités kazakhes, moins importantes dans les *oblast* frontaliers du Kazakhstan. Les Tadjiks sont présents principalement dans le sud et l'est du pays.

L'Ouzbékistan, avec une population qui constitue 50 % de celle de l'Asie centrale, les Ouzbeks eux-mêmes en représentant 35 % (contre 17 % pour les Kazakhs), dispose d'un atout important pour s'imposer comme la puissance régionale.

Tadjikistan

Création artificielle à partir du territoire ouzbek où les deux nationalités, malgré leurs spécificités, vivaient mélangées depuis des siècles, le Tadjikistan se caractérise par une forte minorité ouzbèke, très supérieure à la minorité russe.

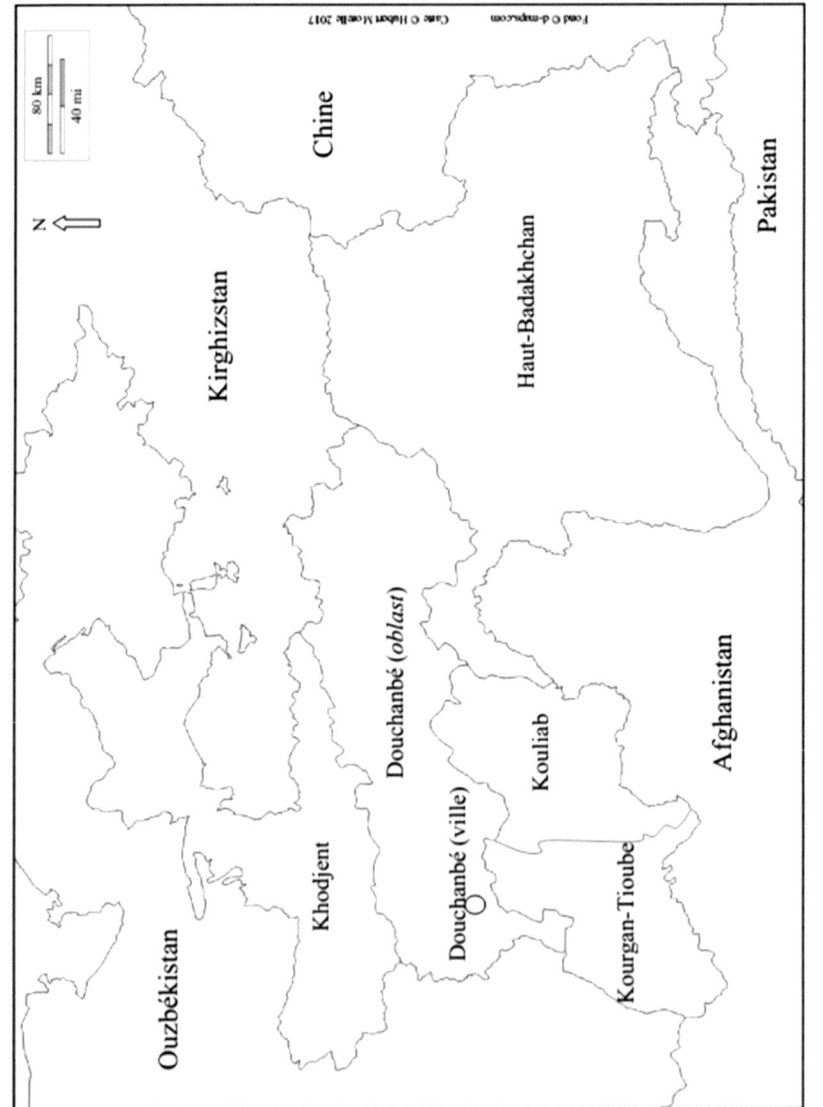

TADJIKISTAN
Carte administrative en 1989

Répartition par nationalité et par type de résidence

Nationalité	Total		Population urbaine		Population rurale	
	Nombre	%	Nombre	%	Nombre	%
Total	5 092 603		1 655 105	32,5%	3 437 498	67,5%
Tadjiks	3 172 420	62,3%	836 331	26,4%	2 336 089	73,6%
Ouzbeks	1 197 841	23,5%	225 843	18,9%	971 998	81,1%
Russes	388 481	7,6%	364 747	93,9%	23 734	6,1%

Source : recensement URSS 1989

Langue maternelle par nationalité

Nationalité	Total		Langue maternelle tadjike		Langue maternelle russe	
	Nombre	%	Nombre	%	Nombre	%
Total	5 092 603		3 165 668	62,2%	495 180	9,7%
Tadjiks	3 172 420	62,3%	3 148 554	99,2%	16 035	0,5%
Ouzbeks	1 197 841	23,5%	11 686	0,98%	7 331	0,6%
Russes	388 481	7,6%	184	0,05%	388 045	99,9%

Source : recensement URSS 1989

Les Tadjiks représentent moins des deux tiers de la population alors que les Ouzbeks en constituent près du quart ; comme au Turkménistan, les Ouzbeks vivent principalement dans les régions frontalières de l'Ouzbékistan, *oblast* de Khodjent et de Kourgan-Tioube[32], où ils représentent près d'un tiers de la population. Les Russes, pour leur part, ne constituent qu'une faible minorité, 7,6 %, comme toujours, on les trouve surtout en ville et ici avec un taux encore plus élevé, plus de 90 %, et 50 % d'entre eux vivent dans la capitale. Les deux communautés déclarent quasi exclusivement leur langue comme langue maternelle, il en est d'ailleurs de même des Ouzbeks. Le niveau d'instruction des Russes est très nettement supérieur à celui des Tadjiks 44 % ont au moins un niveau secondaire alors que seulement 26,5 % des Tadjiks sont dans ce cas, taux comparable à celui des Ouzbeks, ce qui traduit une prédominance des Russes dans l'occupation des postes à responsabilité. Portés par une forte natalité, les Tadjiks augmentent sans cesse leur poids dans la population : 53,1 % en 1959, 56,2 % en 1970, 58,7 % en 1979 et 62,3% en 1989. De ce fait, les Russes font face à une baisse relative passant de 13,3 % en 1959 à 7,6 % en 1989 malgré une augmentation

---

[32] Voir tableau 6 en annexe.

de leur nombre de 30 % entre 1959 et 1970 ; leur nombre a ensuite baissé de 2 % entre 1979 et 1989. Au moment de l'éclatement de l'URSS on assistait donc à un départ des Russes du Tadjikistan.

L'histoire chahutée de la Transcaucasie aurait pu soit engendrer un large brassage et une homogénéisation des populations, soit développer les nationalismes qui poussent, au contraire, à les séparer. C'est cette dernière évolution qui a prévalu ayant pour conséquence des déplacements de population aux différentes étapes historiques. Il en résulte une grande homogénéité de la population en Arménie et en Azerbaïdjan alors que la Géorgie se situe dans la moyenne des républiques soviétiques en 1989 ; les trois républiques transcaucasiennes se caractérisent cependant par le faible nombre de Russes qui y vivent en 1989.

GÉORGIE

La Géorgie était la république fédérée (hors RSFSR) comprenant le plus d'entités autonomes avec les républiques autonomes d'Abkhazie et d'Adjarie et la région autonome d'Ossétie du Sud. Dans la logique de la politique nationale de Staline qui voulait anéantir le nationalisme géorgien, cette caractéristique n'est pas fortuite même si elle est fondée sur des bases historiques. On a vu plus haut que les Russes puis les Soviétiques ont souvent joué les Ossètes et les Abkhazes contre les Géorgiens. Quant aux Adjars, ce sont des Géorgiens qui ne se distinguent des autres que par la religion, ils sont musulmans sunnites et sont recensés comme Géorgiens, il n'y a pas de nationalité adjare. En 1989, la population de Géorgie se répartissait comme suit :

Répartition par nationalité et par type de résidence

Nationalité	Total		Population urbaine		Population rurale	
	Nombre		Nombre		Nombre	%
Total	5 400 841		2 991 352	55,4%	2 409 489	44,6%
Georgiens	3 787 393	70,1%	2 021 420	53,4%	1 765 973	46,6%
Russes	341 172	6,3%	294 475	86,3%	46 697	13,7%
Arméniens	437 211	8,1%	260 516	59,6%	176 695	40,4%
Azéris	307 556	5,7%	75 815	24,7%	231 941	75,4%
Ossètes	164 055	3,0%	96 973	59,1%	67 082	40,9%
Abkhazes	95 853	1,8%	42 616	44,5%	53 237	55,5%

Source : recensement URSS 1989

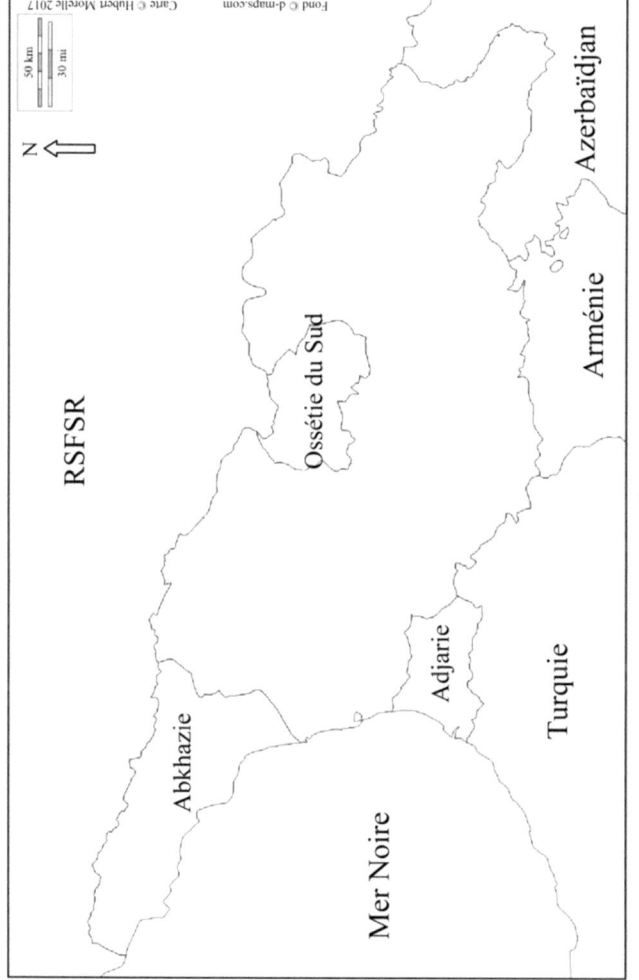

GEORGIE
Carte administrative en 1989

Langue maternelle par nationalité

Nationalité	Total		Langue maternelle géorgienne		Langue maternelle russe	
	Nombre		Nombre	%	Nombre	%
Total	5 400 841		3 860 596	71,5%	479 279	8,9%
Georgiens	3 787 393	70,1%	3 777 017	99,7%	8 877	0,2%
Russes	341 172	6,3%	4 000	1,2%	336 718	98,7%
Arméniens	437 211	8,1%	24 947	5,7%	40 312	9,2%
Azéris	307 556	5,7%	2 899	0,9%	3 972	1,3%
Ossètes	164 055	3,0%	33 694	20,5%	4 246	2,6%
Abkhazes	95 853	1,8%	1 233	1,3%	2 212	2,3%

Source : recensement URSS 1989

Avec 70 % de la population de nationalité géorgienne, la Géorgie se situe parmi les républiques les plus homogènes, sans que cette homogénéité conduise à une domination écrasante de cette nationalité. La part des Géorgiens dans la population qui avait nettement chuté entre 1926 et 1939, passant de 67 % à 61,4 %, a ensuite augmenté régulièrement : 64,3 % en 1959, 66,8 % en 1970, 68,7 en 1979 alors que la population russe a suivi une évolution inverse : 3,6 % en 1926, 8,7 % en 1939, 10,1 % en 1959, 8,5 % en 1970 et 7,4 % en 1979. Cette régression dans la seconde moitié du siècle a été non seulement relative mais aussi en valeur absolue, le nombre de Russes passant de 408 444 en 1959 à 341 172 en 1989, soit une diminution de 16,5 %, ce qui est loin d'être négligeable, surtout dans un contexte d'expansion démographique. Comme partout ailleurs, les Russes sont très majoritairement des citadins. Il faut noter que la Géorgie est une des rares républiques où le niveau d'éducation des nationaux est supérieur à celui des Russes : 55,6 % des Géorgiens ont au moins terminé leurs études secondaires alors que les Russes ne sont que 47,7 % dans ce cas (par exemple, en Ukraine les niveaux correspondants sont de 32,9 % et 46,6 % pour les Ukrainiens et les Russes). Il convient de s'interroger sur les raisons du déclin de la présence russe alors que la Géorgie était l'une des républiques où il faisait bon vivre. Tout d'abord, le niveau d'instruction des Géorgiens rendait moins nécessaire qu'ailleurs la présence de Russes dans l'industrie et dans l'administration, toutefois, ce seul motif n'explique pas leur départ. Sans doute faut-il chercher la raison de cette émigration des Russes dans le nationalisme géorgien qui a toujours été présent et qui a dû les indisposer, voire les inquiéter pendant la période de la perestroïka, les poussant au départ. Comme partout si les Russes déclarent toujours très majoritairement leur langue comme langue maternelle, les Géorgiens ont le taux le plus élevé de toutes les républiques avec quasiment 100% d'entre eux dont le géorgien est la langue maternelle. On peut en conclure qu'il y a peu de mélange entre les nationalités. Une particularité très importante de la Géorgie est, nous l'avons vu, la présence de plusieurs minorités locales. La présence de nombreux Arméniens est un résultat de l'histoire, les royaumes de Géorgie et d'Arménie s'étant chevauchés géographiquement au cours des siècles. Il en est de même pour les Azéris, avec une présence plus localisée dans la partie sud-est du pays, donc dans une région frontalière de l'Azerbaïdjan.

Les Abkhazes et les Ossètes ne représentent que des minorités numériquement marginales quand on considère la Géorgie dans son ensemble, néanmoins, il faut regarder la question sur le plan régional.

Selon le recensement de 1989, la population de l'Abkhazie était la suivante :

Répartition par nationalité et par type de résidence

Nationalité	Total		Population urbaine		Population rurale	
	Nombre		Nombre		Nombre	%
Total	525 061		247 543	47,1%	277 518	52,9%
Abkhazes	93 267	17,8%	40 946	43,9%	52 321	56,1%
Géorgiens	239 872	45,7%	97 941	40,8%	141 931	59,2%
Russes	74 914	14,3%	56 492	75,4%	18 422	24,6%
Arméniens	76 914	14,6%	24 510	31,9%	52 031	67,6%
Grecs	14 664	2,8%	9 103	62,1%	5 561	37,9%

Source : recensement URSS 1989

Langue maternelle par nationalité

Nationalité	Total		Langue maternelle géorgienne		Langue maternelle abkhaze	
	Nombre		Nombre	%	Nombre	%
Total	525 061		238 008	45,3%	91 091	17,3%
Abkhazes	93 267	17,8%	601	0,6%	90 714	97,3%
Géorgiens	239 872	45,7%	236 307	98,5%	128	0,1%
Russes	74 914	14,3%	83	0,1%	27	0,04%
Arméniens	76 914	14,6%	151	0,2%	21	0,03%
Grecs	14 664	2,8%	84	0,6%	13	0,09%

Source : recensement URSS 1989

Le principal enseignement de ces chiffres est la faible proportion d'Abkhazes dans leur république autonome bien que 97 % des Abkhazes de Géorgie y vivent. C'est d'abord le résultat de l'émigration massive qui a suivi la colonisation russe, c'est, ensuite, le résultat de la politique de collectivisation menée par Beria dans les années trente qui entraîna un exil de la population abkhaze et l'installation de Géorgiens de Mingrélie. Ces modifications ethniques associées à des rectifications de limites administratives se firent en faveur des Géorgiens. On constate également une proportion de Russes qui est plus du double du chiffre de l'ensemble de la Géorgie ; 22 % des Russes vivant en Géorgie demeurent en Abkhazie qui ne représente que 10 % de la population du pays. Le nombre de Grecs, sans être anecdotique, ne justifie pas que cette population soit prise en compte dans les querelles de chiffres sur la composition ethnique.

En ce qui concerne l'Ossétie du Sud, la composition ethnique de la région était la suivante :

Répartition par nationalité et par type de résidence

Nationalité	Total		Population urbaine		Population rurale	
	Nombre	%	Nombre	%	Nombre	%
Total	98 527		49 453	50,2%	49 074	49,8%
Ossètes	65 232	66,2%	36 272	55,6%	28 960	44,4%
Géorgiens	28 544	29,0%	8 873	31,1%	19 671	68,9%
Russes	2 128	2,2%	1 934	90,9%	194	9,1%

Source : recensement URSS 1989

Langue maternelle par nationalité

Nationalité	Total		Langue maternelle géorgienne		Langue maternelle ossète	
	Nombre	%	Nombre	%	Nombre	%
Total	98 527		30 063	30,5%	64 185	65,1%
Ossètes	65 232	66,2%	919	1,4%	64 071	98,2%
Géorgiens	28 544	29,0%	28 468	99,7%	50	0,2%
Russes	2 128	2,2%	2 095	98,4%	6	0,3%

Source : recensement URSS 1989

Les Ossètes représentent les deux tiers de la population et se répartissent équitablement entre villes et campagne. Leur particularisme est bien marqué par le fait que la quasi-totalité d'entre eux considèrent la langue ossète comme leur langue maternelle, malgré les nombreux mariages mixtes. Seulement 15 % des Ossètes parlent le géorgien, que ce soit comme langue maternelle (1,4 %) ou comme seconde langue, alors qu'ils sont 60 % à parler le russe. Les Géorgiens, qui représentent moins du tiers de la population, sont pour plus des deux tiers des ruraux, donc ils vivent mélangés aux Ossètes. La présence des Russes peut être considérée comme anecdotique (2 %).

La nationalité adjar n'existant pas les Adjars sont recensés comme Géorgiens (lors des premiers recensements soviétiques, ils étaient recensés comme Géorgiens musulmans puis la référence à la religion a disparu), le recensement de 1989 ne fait apparaître qu'une minorité dans cette république, les Russes.

Répartition par nationalité et par type de résidence

Nationalité	Total		Population urbaine		Population rurale	
	Nombre	%	Nombre	%	Nombre	%
Total	392 432		181 289	46,2%	211 143	53,8%
Géorgiens	324 813	82,8%	123 499	38,0%	201 314	62,0%
Russes	30 042	7,7%	26 618	88,6%	3 424	11,4%

Source : recensement URSS 1989

Langue maternelle par nationalité

Nationalité	Total		Langue maternelle géorgienne		Langue maternelle russe	
	Nombre	%	Nombre	%	Nombre	%
Total	392 432		326 371	83,2%	38 637	9,8%
Géorgiens	324 813	82,8%	324 561	99,9%	203	0,1%
Russes	30 042	7,7%	29 810	99,2%	29 810	99,2%

Source : recensement URSS 1989

Il n'y a pas de problème ethnique en Adjarie.

AZERBAÏDJAN

Selon le recensement de 1989, la population de l'Azerbaïdjan se répartissait comme suit :

Répartition par nationalité et par type de résidence

Nationalité	Total		Population urbaine		Population rurale	
	Nombre	%	Nombre	%	Nombre	%
Total	7 021 178		3 805 885	54,2%	3 215 293	45,8%
Azéris	5 804 980	82,7%	2 919 061	50,3%	2 885 919	49,7%
Russes	392 304	5,6%	372 501	95,0%	19 803	5,0%
Arméniens	390 505	5,6%	296 148	75,8%	94 357	24,2%

Source : recensement URSS 1989

Langue maternelle par nationalité

Nationalité	Total		Langue maternelle azérie		Langue maternelle russe	
	Nombre	%	Nombre	%	Nombre	%
Total	7 021 178		5 780 787	82,3%	528 762	7,5%
Azéris	5 804 980	82,7%	5 754 212	99,1%	24 218	0,4%
Russes	392 304	5,6%	594	0,2%	391 343	99,8%
Arméniens	390 505	5,6%	969	0,2%	60 610	15,5%

Source : recensement URSS 1989

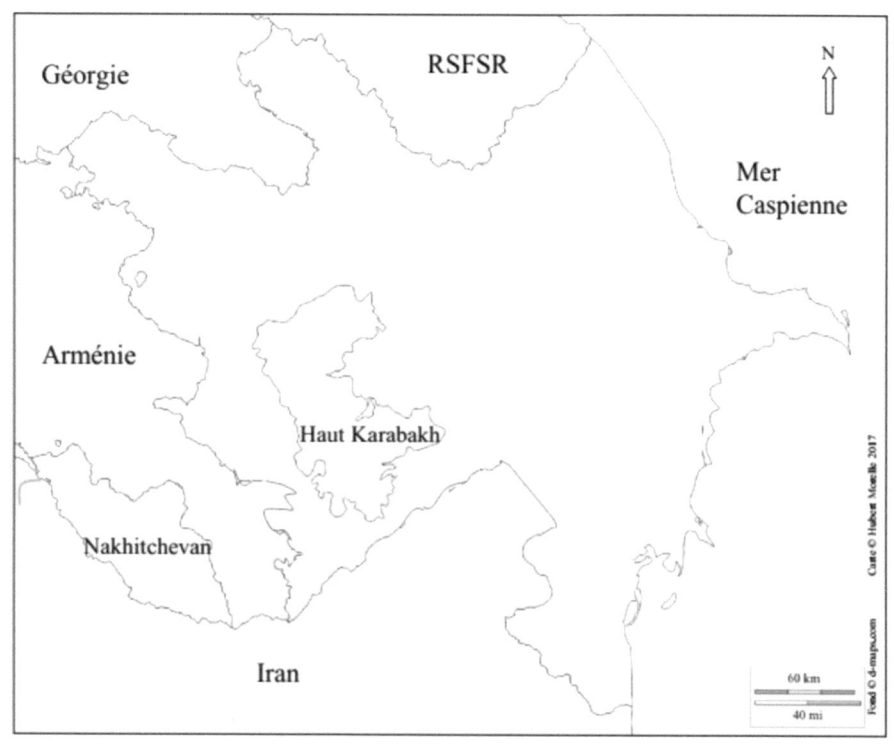

AZERBAÏDJAN
Carte administrative en 1989

On constate une très forte majorité d'Azéris. Les Russes ne représentent que 5,6 % de la population mais alors que les Azéris se répartissent à peu près également entre citadins et ruraux, les Russes sont à 95 % des citadins et forment une part importante des cadres du pays, ce que confirme leur niveau scolaire. Alors que seulement 38,9 % des Azéris ont au moins un niveau secondaire, les Russes sont 49,1 % dans ce cas. Il faut toutefois moduler cette remarque quand on considère la seule population urbaine, où les chiffres sont respectivement de 53,1 % pour les Azéris et de 50,5 % pour les Russes. Cela dénote une très grande différence entre le niveau d'éducation des Azéris selon qu'ils sont citadins ou ruraux. On peut noter que la quasi-totalité des Azéris considèrent leur langue comme leur langue maternelle ; il en est de même pour les Russes. La part des Azéris dans la population a considérablement augmenté au cours des trente années précédentes, passant de 67,5 % en 1959 à 73,8 % en 1970, 78,1 % en 1979 avant d'atteindre le chiffre de 82,7 % à la veille de l'éclatement de l'URSS. Parallèlement, la proportion de Russes n'a cessé de décliner : 13,6 % en 1959, 10 % en 1970, 7,8 % en 1979 pour atteindre l'étiage de 5,6 % en 1989. Depuis 1970, on assiste à un retrait des Russes et pas seulement à une baisse relative ; plus de 100 000 Russes ont quitté cette république en 20 ans. Compte tenu du conflit avec l'Arménie, il convient de se pencher sur la population arménienne en Azerbaïdjan. Celle-ci s'est maintenue aux environs de 12 % entre 1926 et 1959. Ensuite, elle a chuté régulièrement (9,4 % en 1970 et 7,9 % en 1979) avant une accélération de ce mouvement jusqu'en 1989 (5,6 %) qui correspond au départ de près de 100 000 personnes ; il s'agit là des conséquences des tensions interethniques réapparues à l'époque de la perestroïka et du pogrom de Soumgaït de février 1988.

L'Azerbaïdjan comprenant deux entités autonomes, la République autonome du Nakhitchevan et *l'oblast* autonome du Haut-Karabakh, il convient d'étudier leur composition ethnique qui, en 1989, était la suivante :

Répartition par nationalité et par type de résidence

Nationalité	République autonome du Nakhitchevan					
	Total		Population urbaine		Population rurale	
	Nombre	%	Nombre	%	Nombre	%
Total	293 875		87 657	29,8%	206 218	70,2%
Azéris	281 807	95,9%	81 315	28,9%	200 492	71,1%
Russes	3 782	1,3%	3 392	89,7%	390	10,3%
Arméniens	1 858	0,6%	658	35,4%	1 200	64,6%

Source : recensement URSS 1989

Langue maternelle par nationalité

Nationalité	République autonome du Nakhitchevan					
	Total		Langue maternelle azérie		Langue maternelle russe	
	Nombre	%	Nombre	%	Nombre	%
Total	293 875		281 524	95,8%	4 888	1,7%
Azéris	281 807	95,9%	280 969	99,7%	596	0,2%
Russes	3 782	1,3%	21	0,6%	3 730	98,6%
Arméniens	1 858	0,6%	24	1,3%	38	2,0%

Source : recensement URSS 1989

Répartition par nationalité et par type de résidence

Nationalité	\multicolumn{6}{c}{*Oblast* autonome du Haut-Karabakh}
	Total		Population urbaine		Population rurale	
	Nombre	%	Nombre	%	Nombre	%
Total	189 085		97 836	51,7%	91 249	48,3%
Azéris	40 688	21,5%	19 735	48,5%	20 953	51,5%
Russes	1 922	1,0%	1 644	85,5%	278	14,5%
Arméniens	145 450	76,9%	75 602	52,0%	69 848	48,0%

Source : recensement URSS 1989

Langue maternelle par nationalité

Oblast autonome du Haut-Karabakh

Nationalité	Total		Langue maternelle azérie		Langue maternelle russe		Langue maternelle arménienne	
	Nombre	%	Nombre	%	Nombre	%	Nombre	%
Total	189 085		40 606	21,5%	4 488	2,4%	143 323	75,8%
Azéris	40 688	21,5%	40 572	99,7%	54	0,1%	58	0,1%
Russes	1 922	1,0%	3	0,2%	1 893	98,5%	21	1,1%
Arméniens	145 450	76,9%	24	0,02%	2 237	1,5%	143 187	98,4%

Source : recensement URSS 1989

On constate que les Arméniens sont quasiment absents du Nakhitchevan qui fut pourtant dans le passé une région historiquement arménienne. On a assisté dans cette région à une épuration ethnique réussie, comme le montre le tableau ci-dessous

Nationalité	1914		1926		1959	
	Nombre	%	Nombre	%	Nombre	%
Total	136 000		104 900		141 000	
Azéris	81 300	59,8%	93 600	89,2%	127 000	90,1%
Arméniens	53 700	39,5%	11 300	10,8%	9 500	6,7%

Nationalité	1970		1979		1989	
	Nombre	%	Nombre	%	Nombre	%
Total	202 200		240 400		293 875	
Azéris	189 700	93,8%	229 700	95,5%	281 807	95,9%
Arméniens	5 800	2,9%	3 400	1,4%	1 858	0,6%

Source[33]

---

[33] Claire Mouradian Conflits nationaux en Transcaucasie *in* Tsarisme Bolchevisme Stalinisme, Institut d'études slaves, Paris, 1990, p. 432.

Alors que les Arméniens représentaient près de 40 % de la population en 1914, ils n'en représentaient guère plus que 10 % en 1926, après le rattachement du Nakhitchevan à l'Azerbaïdjan, et leur nombre a continué à décroître régulièrement au fil des décennies jusqu'à être quasiment symbolique en 1989. A cette date, le Nakhitchevan est le territoire national le plus homogène de l'URSS.

Pour sa part, l'évolution du Haut-Karabakh a été la suivante :

Nationalité	1914		1926		1959	
	Nombre	%	Nombre	%	Nombre	%
Total	180 000		125 800		130 400	
Azéris	9 000	5,0%	13 600	10,8%	18 100	13,9%
Arméniens	170 000	94,4%	117 000	93,0%	110 100	84,4%

Nationalité	1970		1979		1989	
	Nombre	%	Nombre	%	Nombre	%
Total	150 300		162 100		189 085	
Azéris	27 200	18,1%	37 200	22,9%	40 688	21,5%
Arméniens	121 100	80,6%	123 100	75,9%	145 450	76,9%

Source[34]

La région n'a pas suivi le même processus d'azerbaïdjanisation que le Nakhitchevan ; si la population arménienne a chuté jusqu'en 1959, la tendance s'est ensuite inversée, même si la part des Arméniens a continué à décroître. Près de 40 % des Arméniens d'Azerbaïdjan vivent dans le Haut-Karabakh. Dans le même temps, le nombre d'Azéris, initialement très faible, a crû sans discontinuer, pas de façon suffisante, cependant, pour prendre une position dominante.

ARMÉNIE

L'Arménie était, de loin, la république ethniquement la plus homogène d'URSS. Selon le recensement de 1989, sa population se décomposait comme suit :

---

[34] Id.

Répartition par nationalité et par type de résidence

Nationalité	Total		Population urbaine		Population rurale	
	Nombre	%	Nombre	%	Nombre	%
Total	3 304 776		2 222 241	67,2%	1 082 535	32,8%
Arméniens	3 083 616	93,3%	2 134 780	69,2%	948 836	30,8%
Russes	51 555	1,6%	43 943	85,2%	7 612	14,8%
Azéris	84 860	2,6%	7 139	8,4%	77 721	91,6%

Source : recensement URSS 1989

Langue maternelle par nationalité

Nationalité	Total		Langue maternelle arménienne		Langue maternelle russe	
	Nombre	%	Nombre	%	Nombre	%
Total	3 304 776		3 085 636	93,4%	66 700	2,0%
Arméniens	3 083 616	93,3%	3 072 714	99,6%	9 596	0,3%
Russes	51 555	1,6%	715	1,4%	50 736	98,4%
Azéris	84 860	2,6%	123	0,1%	139	0,2%

Source : recensement URSS 1989

On constate une population très homogène avec aucune minorité numériquement importante et une population urbaine à plus des deux tiers. Chaque ethnie est bien marquée par sa langue maternelle. Les Azéris, presqu'exclusivement ruraux considèrent l'azéri comme leur langue maternelle à plus de 99,5 %. La représentation azérie était de l'ordre de 10 % entre 1926 et 1939 avant de chuter à 6,2 % en 1959. Elle a continué à décroître par la suite avec une nouvelle rupture entre 1979 et 1989 en passant de 5,3 % à 2,6 %, ce qui traduit la résurgence des tensions ethniques à partir de 1988. Comme toujours, les Russes sont très majoritairement citadins. La part des Arméniens dans la population a décru de 1926 à 1939, passant de 84,4 % à 82,2 % avant de remonter à 88 % en 1959 puis de continuer à croître régulièrement par la suite (88,6 % en 1970, 89,7 % en 1979) tandis que parallèlement, celle des Russes a décliné de 3,2 % à 1,6 %. Ceux-ci, dont le niveau d'instruction est nettement supérieur à celui des Arméniens, sont essentiellement des cadres quoique la part des diplômés de l'enseignement supérieur soit plus élevée chez les Arméniens citadins que chez les Russes (141 pour 1 000 contre 127), ce qui traduit une grande différence entre les Arméniens de la campagne et ceux des villes. On peut considérer que l'Arménie dispose des cadres nationaux dont elle a besoin.

*

* *

Cet examen montre bien la position dominante des Russes dans la direction des affaires économiques et politiques des différentes républiques, même s'ils sont parfois numériquement largement minoritaires. Il convient de s'arrêter un instant sur l'Asie centrale : on peut distinguer le nord (Kazakhstan et Kirghizstan) et le sud (Ouzbékistan, Turkménistan et Tadjikistan). Dans le nord, on retrouve une colonisation de peuplement russe ancienne, qui se traduit par un taux de population rurale plus élevé que dans les autres républiques, alors que dans le sud, les Russes sont essentiellement des citadins et se concentrent particulièrement dans les capitales dont ils constituent 40 à 50 % de la population.

Jusqu'alors les Russes résidaient dans les autres républiques en tant que citoyen d'un même Etat, désormais ils vont être citoyens des nouveaux Etats ou citoyens russes, donc d'un pays étranger.

Le nombre, parfois important, de Russes vivant dans les autres républiques fédérées a pour pendant, l'existence de nombreuses minorités nationales en RSFSR. En général, ces minorités sont regroupées sur des territoires qui constituent des entités nationales reconnues par la Constitution. Elles nécessitent un examen particulier car il convient de s'interroger sur le point de savoir si elles ne risquent pas d'être le foyer de mouvements nationalistes.

Les nationalités en RSFSR

Comme il a été dit précédemment, lors de son expansion la Russie n'a pas conquis que des terres inhabitées, mais également de nombreuses terres sur lesquelles vivaient des peuples fort éloignés des Russes qu'elle a absorbés ou dominés. Après avoir rappelé l'organisation administrative de la Russie, toujours fondée pour partie sur des critères ethniques, nous examinerons la composition ethnique des seules entités nationales ; en effet, les autres entités administratives ne posent aucun problème ethnique, les Russes y étant très largement majoritaires.

Pour faire simple, on peut classer les peuples allogènes autochtones de Russie en quatre grandes familles : les peuples finno-ougriens centrés globalement sur l'Oural, les peuples turcs musulmans de la moyenne Volga, les peuples du Nord-Caucase, d'origine caucasienne ou turque, qui sont essentiellement musulmans, et les peuples sibériens, dont les peuples dits du Nord.

Au plan administratif, l'organisation de la Russie est un décalque de ce qu'était celle de l'URSS, au lieu de républiques fédérées, on avait des républiques autonomes, qui, ont abandonné ce qualificatif au moment de la disparition de l'URSS pour devenir simplement des républiques. Toutefois, cette organisation est plus complexe que dans les autres républiques en raison du grand nombre d'entités administratives à base ethnique qui ne sont pas toutes du même niveau, avec des subordinations à d'autres structures territoriales.

En 1989, on dénombrait les entités suivantes :

- 16 républiques, autonomes ;
- 6 *kraï* (territoires) ;
- 49 *oblast* (régions) ;
- 2 villes fédérales ;
- 1 *oblast* autonome ;
- 4 *oblast* autonomes appartenant à des *kraï* ;
- 10 *okroug* (districts) autonomes appartenant à des *kraï* ou à des *oblast*.

OKROUG AUTONOMES

Les *okroug* autonomes illustrent la diversité des peuples qui sont passés sous la domination russe après la conquête de leur territoire. Ils sont tous situés en Sibérie à l'exception de celui des Komis Permiaks, à l'ouest de l'Oural et de celui des Nenets à l'extrême-nord de la Russie d'Europe ; à l'exception des Bouriates, ils ne concernent que les peuples du nord. L'examen du recensement de 1989[35] montre le peu de poids démographique de ces *okroug* autonomes et, au sein de ceux-ci, des populations autochtones : sur neuf, seulement cinq dépassaient les 100 000 habitants, dont un seul le million ; tous les autres n'avaient que quelques dizaines de milliers d'habitants, et les Russes étaient majoritaires dans sept d'entre eux. Seuls les *okroug* des Komis-Permiaks et d'Aga Bouriatie voyaient la population titulaire dépasser les 50 %. Sur 160 000 habitants, les Komis Permiaks représentaient 60 % de la population face à 36 % de Russes dans le premier. Dans celui d'Aga Bouriatie, les Bouriates représentaient 55 % de la population face à 31 % de Russes pour une population de 77 000 habitants. Les Russes constituent plus des deux tiers de la population des *okroug* autonomes des Evenks et de Taïmyr et près des deux tiers de celui des Koriaks et plus de 50 % de celui de Bouriatie Oust Orda.

On peut noter que la proportion des populations autochtones qui déclarent le russe comme langue maternelle est loin d'être marginale puisqu'elle est généralement de plusieurs dizaines de pourcents et parfois majoritaire, toutefois sur des effectifs réduits il convient de le souligner. Pour une même nationalité la proportion varie considérablement selon la région. Ainsi les Nenets, peuple finno-ougrien, de l'*okroug* autonome des Iamalo-Nenets ne déclarent le russe comme langue maternelle que dans la proportion de 5 % alors qu'ils sont 39 % dans ce cas dans l'*okroug* autonome des Nenets, ils ont donc davantage conservé leur particularisme en Sibérie que dans la partie européenne de la Russie, sans doute en raison d'un plus grand isolement, toutefois, au plan pratique cela ne change rien car seules les républiques ont constitutionnellement le droit d'instaurer une langue officielle à côté du russe.

On peut donc dire que les peuples auxquels ont été attribué des *okroug* autonomes sont bien intégrés dans la Russie, sans doute en raison de leur faible effectif. Rétrospectivement et bien que cela n'ait

---

[35] Voir tableau 7 en annexe.

pas été le but recherché, il est même à l'honneur de l'URSS d'avoir créé ces entités qui ouvrent des droits culturels et contribuent ainsi à préserver des cultures qui sinon auraient peut-être complètement disparu ; en outre, la création d'une écriture pour la plupart des langues concernées est le fait du régime soviétique.

OBLAST AUTONOME

Les *oblast* autonomes du Haut-Altaï, des Adyghéens, de Khakassie et de Karatchaïevo-Tcherkessie ont changé de statut en 1991, devenant des républiques, c'est dans ce cadre que nous les étudierons.

En 1991, il ne reste qu'un *oblast* autonome. Après quelques tergiversations, les Juifs sont reconnus comme minorité nationale au sein de l'URSS ; ils n'ont cependant pas le territoire que la constitution de 1924 garantit à chaque nationalité. En 1928, Staline décide donc de créer une région autonome à l'est de la Sibérie pour les y installer : davantage que de donner un territoire à cette minorité, cette décision vise à éloigner les Juifs de la Russie occidentale. En 1934, le territoire prend le nom de Région autonome des Juifs du Birobidjan mais ils ne sont jamais attirés en masse vers cette région où certains sont envoyés de force ; ils préfèrent s'installer dans les grandes villes de la RSFSR ; ainsi, en 1989, ils ne représentent que 4,2 % de la population locale et seulement 0,6 % des Juifs d'URSS et 1,6 % de ceux de RSFSR y sont installés. Par rapport à la population totale de la Russie, le Birobidjan ne compte guère. C'est dire que cette région est un héritage de l'histoire administrative de la Russie et en aucun cas une conséquence de son histoire humaine précoloniale et que sa persistance n'a aucune signification nationale ou ethnique. A près de 90 % les Juifs du Birobidjan déclarent le russe comme langue maternelle en 1989 et seulement 10 % le yiddish.

Répartition par nationalité et par type de résidence

Nationalité	Total		Population urbaine		Population rurale	
	Nombre	%	Nombre	%	Nombre	%
Total	214 085		140 478	65,6%	73 607	34,4%
Juifs	8 887	4,2%	8 251	92,8%	636	7,2%
Russes	178 087	83,2%	118 402	66,5%	59 685	33,5%
Ukrainiens	15 921	7,4%	7 507	47,2%	8 414	52,8%

Source : recensement URSS 1989

Langue maternelle par nationalité

Nationalité	Total		Langue maternelle russe		Langue maternelle yiddish	
	Nombre	%	Nombre	%	Nombre	%
Total	214 085		202 049	94,4%	1 043	0,5%
Juifs	8 887	4,2%	7 826	88,1%	1 037	11,7%
Russes	178 087	83,2%	178 013	99,96%	2	0,001%
Ukrainiens	15 921	7,4%	9 954	62,5%	2	0,01%

Source : recensement URSS 1989

RÉPUBLIQUES

Les républiques ont une place importante dans le dispositif administratif russe car elles ont leur propre constitution, toutefois, à la différence des républiques fédérées au sein de l'URSS, le droit, eut-il été seulement formel, de quitter la fédération ne leur est pas reconnu. Nous reprendrons la classification utilisée précédemment et nous les examinerons dans cet ordre.

Républiques dispersées d'Europe

Au plan de la population, les autochtones ne sont majoritaires dans aucune de ces républiques : les Russes représentent même la majorité absolue en Carélie et dans la république des Komis.

Les Caréliens sont les plus proches des Russes, tant par la répartition entre ruraux et citadins qu'en ce qui concerne la langue maternelle revendiquée, ils sont presque aussi nombreux à déclarer le russe que le carélien. Cela s'explique par l'appartenance ancienne d'une partie importante de la Carélie à la Russie. A l'inverse, les Kalmouks sont peu nombreux à déclarer le russe comme langue maternelle.

Répartition par nationalité et par type de résidence

Nationalité	Total		Population urbaine		Population rurale	
	Nombre	%	Nombre	%	Nombre	%
REPUBLIQUE DE CARELIE						
Total	790 150		643 496	81,4%	146 654	18,6%
Caréliens	78 928	10,0%	48 764	61,8%	30 164	38,2%
Russes	581 571	73,6%	495 999	85,3%	85 572	14,7%
Biélorusses	55 530	7,0%	38 981	70,2%	16 549	29,8%
REPUBLIQUE DE KALMOUKIE						
Total	322 579		147 176	45,6%	175 403	54,4%
Kalmouks	146 316	45,4%	72 642	49,6%	73 674	50,4%
Russes	121 531	37,7%	61 701	50,8%	59 830	49,2%
REPUBLIQUE DES KOMIS						
Total	1 250 847		944 426	75,5%	306 424	24,5%
Komis	291 542	23,3%	136 412	46,8%	155 130	53,2%
Russes	721 780	57,7%	609 089	84,4%	112 691	15,6%
Ukrainiens	104 170	8,3%	87 814	84,3%	16 356	15,7%

Source : recensement URSS 1989

Langue maternelle par nationalité

Nationalité	Total		Langue maternelle russe		Langue maternelle de la république	
	Nombre	%	Nombre	%	Nombre	%
REPUBLIQUE DE CARELIE						
Total	790 150		703 354	89,0%	40 932	5,2%
Caréliens	78 928	10,0%	38 116	48,3%	40 663	51,5%
Russes	581 571	73,6%	581 152	99,9%	130	0,02%
Biélorusses	55 530	7,0%	39 141	70,5%	22	0,04%
REPUBLIQUE DE KALMOUKIE						
Total	322 579		134 339	41,6%	140 674	43,6%
Kalmouks	146 316	45,4%	5 718	3,9%	140 576	96,1%
Russes	121 531	37,7%	121 498	99,97%	12	0,01%
REPUBLIQUE DES KOMIS						
Total	1 250 847		913 789	73,1%	218 266	17,4%
Komis	291 542	23,3%	74 690	25,6%	216 785	74,4%
Russes	721 780	57,7%	720 435	99,81%	894	0,1%
Ukrainiens	104 170	8,3%	55 239	53,0%	143	0,1%

Source : recensement URSS 1989

Républiques de Sibérie

Il y a cinq républiques en Sibérie : Bouriatie, Sakha (Iakoutie), Touva et les nouvelles républiques de l'Altaï et de Khakassie. Leur population autochtone est d'origine mongole pour les Altaïens et les Bouriates, ou turque pour les Khakasses, les Iakoutes et les Touvas.

Au plan de la population[36], les autochtones ne sont majoritaires que dans la République de Touva, ce qui s'explique par son rattachement tardif à l'URSS. Dans toutes les autres, les Russes représentent la majorité absolue.

La proportion des autochtones qui déclarent le russe comme langue maternelle est très variable. Elle est de 1 % en République de Touva et de 5 % en Iakoutie, ce qui illustre le fort nationalisme de cette république. Dans les autres républiques, le taux varie de 10 à 17 %. Il faut noter la particularité de l'Altaï où les Russes sont ruraux à près des deux tiers. Les nationalités autochtones sont toujours très majoritairement rurales.

Le total de la population de ces républiques, dont seulement deux dépassaient le million d'habitants en 1989, est faible par rapport à la population totale de la Russie dont elles ne représentent ensemble que 2,2 %.

Républiques de la moyenne Volga

Les peuples qui ont justifié la création des six républiques de cette région sont soit turcs (Tatars, Bachkirs et Tchouvaches), soit finno-ougriens (Maris, appelés également Tchérémisses, Mordves et Oudmourtes). Leurs zones d'implantation sont très proches les unes des autres, toutes les républiques ayant au moins une frontière commune avec une autre ; le Tatarstan se trouve au centre et est voisin de toutes à l'exception de la Mordovie.

L'appartenance de cette région à la Russie est ancienne ; résultat de la lutte entre les Russes et les Tatars elle s'apparente davantage à l'expansion historique progressive de la Russie qu'à une conquête coloniale, même si la différence n'a pas toujours été sensible pour les populations locales.

La répartition des nationalités dans chaque république est loin d'être homogène[37]. Les Russes sont majoritaires en Mordovie et en Oudmourtie et ont une majorité relative au Bachkortostan et en Mari El. En revanche, ils sont largement dominés en Tchouvachie, où les Tchouvaches représentent plus des deux tiers de la population, et au Tatarstan où les Tatars constituent une majorité relative. Comme

---

[36] Voir tableau 8 en annexe.
[37] Voir tableau 9 en annexe.

toujours, les Russes sont très majoritairement des citadins alors que les nationalités locales vivent majoritairement à la campagne, sauf les Tatars qui sont majoritairement citadins au Tatarstan, au Bachkortostan, en Mari El et en Oudmourtie. Si les premiers, sans surprise, déclarent à plus de 99 % le russe comme langue maternelle, seuls quelques pourcents des Tatars et des Bachkirs font de même alors que le pourcentage varie de 10 à 25 % pour les autres nationalités. Cela s'explique partiellement par la culture car si les Tatars et les Bachkirs sont musulmans, les autres nationalités (partiellement en ce qui concerne les Tchouvaches) sont de religion orthodoxe. Il convient de s'arrêter un peu sur les Tatars car cette nationalité est la deuxième de Russie avec 5,5 millions de personnes, soit 3,8 % de la population de la RSFSR. Dans l'ensemble des républiques de la moyenne Volga, ils constituent 25 % de la population quand les Russes atteignent 44 % ; en particulier, ils représentent 28 % de la population de Bachkirie où ils sont plus nombreux que les Bachkirs.

Républiques du Nord-Caucase

Le Nord-Caucase est un kaléidoscope ethnique ; on y dénombre plus de soixante langues dites caucasiennes et une vingtaine d'autres. La complexité ethnique du Nord-Caucase est particulièrement illustrée par le Daguestan où vivent plus de trente peuples différents dont les langues respectives sont parfois très éloignées les unes des autres ; la radio nationale diffuse en plus de dix langues ; l'article 11 de sa Constitution dispose que « le russe et les langues des peuples du Daguestan sont les langues officielles » toutefois, elle ne donne pas la liste de ces peuples. En outre, certains peuples du Caucase portent aujourd'hui plusieurs noms : ainsi les Adighéens et les Kabardes sont des Tcherkesses mais ce n'est pas cette nationalité qui leur est officiellement attribuée. En 1989, les républiques sont au nombre de six[38].

En 1989[39], les Russes sont largement majoritaires dans la république des Adyghéens et ils ont de justesse une majorité relative en Karatchaïevo-Tcherkessie (on peut noter que ces deux entités sont encore des *oblast* à la date du recensement) et représentent une

---

[38] Les Ingouches ont demandé en novembre 1991 à être séparés des Tchétchènes mais cette demande ne sera officiellement acceptée qu'en 1992.
[39] Voir tableau 10 en annexe.

minorité significative en Kabardino-Balkarie, en Ossétie du Nord et, bien que de façon moindre, en Tchétchéno-Ingouchie alors qu'ils constituent moins de 10 % de la population du Daguestan. Comme dans la quasi totalité des autres républiques, ils sont très majoritairement installés dans les villes ; à plus de 80 % dans toutes les républiques sauf en Karatchaïevo-Tcherkessie (68 %) et chez les Adyghéens (58 %). Cela est d'autant plus remarquable que dans l'ensemble ces républiques sont peu urbanisées. Seules l'Ossétie du Nord (69 %), la Kabardino-Balkarie (61 %) et la république des Adyghéens (52 %) ont une population majoritairement urbaine, toutefois, nettement en dessous du taux global de la RSFSR (73,4 %). C'est dire si les Russes sont majoritaires dans les administrations et le secteur industriel. Plus globalement, ils ne représentent qu'un quart de la population de ces républiques prises dans leur ensemble : ils sont donc largement minoritaires alors que dans les autres groupes de républiques étudiés précédemment, leur part dans la population varie de 44 % (moyenne Volga) à 60 % (autres républiques européennes). Dans toutes les républiques, ils déclarent le russe comme langue maternelle à plus de 99 % alors que pour les nationalités locales c'est leur propre langue qui est maternelle pour plus de 98 % de la population. Il y a donc très peu de mélange entre les Russes et les autochtones, ce qui pourrait signifier que les populations vivent côte à côte sans se mélanger ; la situation est cependant plus grave que cela. En effet, quand on regarde le pourcentage des gens qui parlent la langue de l'autre (quelle que soit leur propre langue maternelle), il apparaît qu'on a bien affaire à une situation de type colonial. 67 % des autochtones parlent le russe, car l'enseignement se fait dans cette langue qu'il est, de plus, indispensable de maîtriser pour toutes les démarches administratives dans les régions qui ne sont pas encore des républiques et qui ne pouvaient donc pas instaurer une langue nationale officielle. Quant aux Russes, ils ne sont que 0,6 % à parler une langue locale ce qui confirme l'absence de motivation et de volonté de se mêler à la population locale. Outre ces différences sociologiques, il existe un fossé culturel entre les Russes et la plupart des nationalités locales qui sont toutes musulmanes à l'exception des Ossètes. Malgré leur infériorité numérique, les Russes misent sur la prédominance de la langue russe pour imposer leur pouvoir.

*
* *

On constate donc une grande différence entre les divers groupes de républiques. Si certaines, en raison de leur histoire et de leur culture, manifestent des sentiments nationalistes, ceux-ci sont tempérés par leur isolement ou, au contraire, par leur intégration poussée au sein de la Russie. Il n'en va pas de même dans le Nord-Caucase. Déjà en 1991, on peut constater l'existence dans la région d'un terreau favorable à des revendications politiques. Celles-ci ont d'ailleurs déjà commencé puisque la Tchétchénie a proclamé son indépendance en novembre 1991, avant donc la disparition de l'URSS. C'est clairement dans cette région, dont la colonisation s'est traduite par une guerre longue et dure et où les traditions sont restées très fortes, que l'intégrité de la Russie renaissante pourrait être remise en cause.

En conclusion

L'Union soviétique ayant été la continuatrice de l'Empire russe, on peut considérer que son éclatement, qui entraîne l'indépendance de quatorze nouveaux Etats et la renaissance de la Russie, dans des frontières réduites par rapport à celles de 1917, marque en quelque sorte la décolonisation de l'empire. Toutefois, celle-ci pose des problèmes différents de ceux engendrés par la disparition des empires coloniaux ouest-européens du fait de la continuité territoriale, du mixage, plus ou moins accentué selon les cas, des populations mais avec partout la présence de nombreux Russes, de l'absence de statut particulier des territoires colonisés par rapport à la puissance coloniale et d'une intégration économique poussée. Les nouveaux Etats indépendants sont créés avec des frontières correspondant aux limites administratives qui ont été dessinées, notamment par Staline, dans le but de renforcer le contrôle des républiques donc en évitant de correspondre exactement aux limites ethniques ou aux frontières historiques ; de ce fait, elles portent en germe de futures revendications. Par ailleurs, la Fédération de Russie, comprend en son sein de nombreuses républiques autonomes dont certaines ne se satisfont pas de ce statut, comme l'a montré le Tatarstan pendant les discussions sur le nouveau traité d'Union. On peut alors se poser la question de savoir si à son tour elle va devoir faire face à des revendications indépendantistes, voie sur laquelle s'est déjà lancée la Tchétchénie.

La soudaineté de la disparition de l'URSS n'a pas permis d'organiser en amont les relations entre les nouveaux Etat, ni de préparer les esprits des citoyens à ce changement radical. Ce qui n'a pas été fait avant va devoir l'être après dans une situation qui est très différente entre les nouveaux acteurs. Au regard de la difficulté des négociations qu'avait menées Mikhaïl Gorbatchev pour l'établissement d'un nouveau traité d'union, l'organisation des rapports entre les quinze successeurs de l'Union soviétique s'apparente à une gageure, les uns voulant affirmer leur indépendance et les autres conserver leur position dominante. En tout état de cause, ce processus va être nécessairement long et ne sera pas linéaire. C'est la raison pour laquelle il doit faire l'objet d'un développement particulier.[40]

---

[40] Voir « La décolonisation de l'Empire russe (1992 – 2016), Mythe ou réalité ? », Hubert Morelle, Paris, l'Harmattan, 2017.

Annexes

Chronologie

Env 300 av. J.-C.	Création du royaume d'Ibérie (partie orientale de la Géorgie)
190 av. J.-C.	Création du royaume d'Arménie
862	Fondation de Kiev - Arrivée de Riourik à Novgorod
878	Fondation du premier Etat russe autour de Kiev
988	Baptême de Vladimir
1089-1125	Règne de David IV le Reconstructeur en Géorgie
1169	André Bogolioubski se proclame grand-prince de toute la terre russe à Souzdal
1240	Prise de Kiev par les Tatars
1263	Moscou devient la capitale de la principauté de Vladimir-Souzdal
1325	Transfert du siège métropolitain de Kiev à Moscou
1325-1523	Conflits entre la Russie moscovite et le grand-duché de Lituanie
1552	Prise de Kazan par Ivan le Terrible
1569	Union de Lublin : la Pologne et la Lituanie créent la République des deux Nations
1582	Début de la conquête de la Sibérie
1589	L'Eglise russe devient autocéphale
1596	Union de Brest-Litovsk – naissance de l'Eglise uniate
1613	Avènement des Romanov
1639	Les Russes atteignent la mer d'Okhotsk
1654	Traité de Pereïaslav : l'Ukraine orientale se place sous domination russe
1666-1667	Schisme (*raskol*) au sein de l'Eglise russe
1667	Traité d'Androussovo : la Pologne cède l'Ukraine orientale à la Russie

1681	Traité de Bakhtchisaraï : la Pologne et l'Empire ottoman reconnaissent définitivement la possession par la Russie de la rive gauche du Dniepr et de Kiev
1712	Saint-Pétersbourg devient capitale
1721	Paix de Nystad : la Russie obtient la Livonie, l'Estonie, l'Ingrie, une partie de la Carélie et une partie de la Finlande
1731	La Petite Horde kazakhe se place sous la suzeraineté russe
1764	Suppression de l'hetmanat d'Ukraine et introduction du servage en Ukraine
1771	Etablissement d'un protectorat russe en Crimée
1772	Premier partage de la Pologne : la Russie reçoit des territoires situés en Biélorussie
1774	Traité de Koutchouk-Kaïnardji : indépendance du Khanat de Crimée et du Kouban, placés de fait sous domination russe
1783	Traité de Gueorguievsk qui place la Géorgie sous protectorat russe
1783	Annexion de la Crimée
1792	Traité d'Yassy : reconnaissance de l'annexion de la Crimée et cession du Jedisan à la Russie par l'Empire ottoman
1793	Deuxième partage de la Pologne : la Russie reçoit la Podolie, une partie de la Volhynie et de la Biélorussie (région de Minsk)
1795	Troisième partage de la Pologne : la Russie reçoit la Courlande, la Lituanie et le reste de la Volhynie
1801	Annexion de la Géorgie orientale
1804	L'Iméréthie (province géorgienne) devient un protectorat russe
1808	Annexion de la totalité de la Finlande
1810	Annexion de l'Iméréthie
1810	Annexion de l'Ingouchie
1810	Conquête de l'Abkhazie
1812	Traité de Bucarest : annexion de la Bessarabie
1813	Traité de Golestan : annexion du Daguestan, de l'Azerbaïdjan et de la Géorgie

1815	Congrès de Vienne : la Russie annexe le grand-duché de Varsovie
1827	Annexion de la Balkarie
1828	Traité de Turkmanchaï : annexion des khanats d'Erevan et du Nakhitchevan
1829	Traité d'Andrinople : la Russie annexe les bouches du Danube et divers territoires sur la côte orientale de la mer Noire
1834-1859	Soulèvement de l'imam Chamil dans le Caucase
1855	Traité russo-japonais : partage des Kouriles, possession commune de Sakhaline
1856	Traité de Paris : la Russie cède le sud de la Bessarabie à la Moldavie
1858	Traité d'Aïgoun : annexion du territoire de l'Amour
1860	Traité de Pékin : annexion du territoire de l'Oussouri
1861	Abolition du servage
1864	Fin de la conquête du Caucase
1865	Prise de Tachkent
1866	Prise de Khodjent
1867	Vente de l'Alaska aux Etats-Unis
1867	Formation du gouvernement général du Turkestan
1868	Prise de Samarcande
1868	Etablissement d'un protectorat sur l'émirat de Boukhara
1873	Etablissement d'un protectorat sur le khanat de Khiva
1875	Traité de Saint-Pétersbourg : Sakhaline revient à la Russie et les Kouriles au Japon
1876	Annexion du khanat de Kokand
1878	Traité de Berlin : la Russie récupère le sud de la Bessarabie au dépend de la Moldavie
1884	Annexion de l'oasis de Merv
1885	Accord anglo-russe sur la délimitation de la frontière afghane
1895	Accord anglo-russe sur le partage du Pamir

1898	Traité sino-russe : cession à bail pour 25 ans de la presqu'île de Liao-Toung avec Port-Arthur
1904-1905	Guerre russo-japonaise
1905	Traité de Portsmouth : cession au Japon de Port-Arthur et du sud de Sakhaline
1905	Echec de la première révolution russe
1907	Accord anglo-russe sur les zones d'influence en Asie
1916	Révolte des Basmatchis
1917	Révolution d'Octobre
29 octobre 1917	Promulgation du décret accordant aux peuples allogènes la liberté de disposer de leur sort
20 novembre 1917	Proclamation de la République populaire d'Ukraine
2 décembre 1917	Proclamation de la République démocratique autonome de Moldavie
1917-1922	Guerre civile et intervention étrangère
23 janvier 1918	Proclamation de la RSFSR
3 mars 1918	Traité de Brest-Litovsk
22 avril 1918	Proclamation de la République démocratique fédérative de Transcaucasie (Arménie, Azerbaïdjan, Géorgie)
30 avril 1918	Création de la République soviétique autonome du Turkestan, renommée RSSA du Turkestan en 1920
26 mai 1918	Dissolution de la République démocratique fédérative de Transcaucasie
10 mars 1919	Proclamation de la RSS d'Ukraine
23 mars 1919	Création de la RSSA de Bachkirie
2 février 1920	Traité de Tartu : la Russie reconnaît l'indépendance de l'Estonie
26 avril 1920	Proclamation de la République populaire soviétique du Khorezm au sein de la RSFSR
28 avril 1920	Proclamation de la République socialiste soviétique d'Azerbaïdjan
27 mai 1920	Création de la RSSA de Tatarie
12 juillet 1920	Traité de Moscou : la Russie reconnaît l'indépendance de la Lituanie

11 août 1920	Traité de Riga : la Russie reconnaît l'indépendance de la Lettonie
26 août 1920	Création de la RSSA des Kirghizes (renommée Kazakhstan en 1925)
8 octobre 1920	Création de la République populaire soviétique de Boukhara
29 novembre 1920	Proclamation de la République socialiste soviétique d'Arménie
1921	Création de la RSSA du Daguestan
25 février 1921	Proclamation de la République socialiste soviétique de Géorgie
18 mars 1921	Traité de Riga avec la Pologne (la frontière est fixée sur la ligne Curzon)
13 octobre 1921	Traité de Kars : fixation de la frontière avec la Turquie, cession de Batoumi à la Géorgie, autonomie de l'Adjarie, rattachement du Nakhitchevan à l'Azerbaïdjan avec un statut d'autonomie
12 mars 1922	Création de la République socialiste fédérative soviétique de Transcaucasie
27 avril 1922	Création de la RSSA de Yakoutie
Décembre 1922	Proclamation de l'URSS (Russie, Ukraine, Biélorussie et Transcaucasie)
19 janvier 1923	Annexion de Klaïpeda (Memel) par la Lituanie
30 mai 1923	Création de la RSSA de Bouriatie-Mongolie
7 juillet 1923	Création de la Région autonome du Haut-Karabakh
Juillet 1923	Création de la RSSA de Carélie
9 février 1924	Création de la RSSA du Nakhitchevan
12 octobre 1924	Création de la RSSA de Moldavie
14 octobre 1924	Création de la RSSA du Tadjikistan
27 octobre 1924	Création des RSS d'Ouzbékistan et du Turkménistan
21 avril 1925	Création de la RSSA de Tchouvachie
1er février 1926	Création de la RSSA de Kirghizie
28 septembre 1926	Pacte de non-agression avec la Lituanie
28 mars 1928	Création de la région autonome des Juifs (appelée Région autonome des Juifs du Birobidjan en 1934)

5 décembre 1929	Création de la RSS du Tadjikistan
5 février 1932	Pacte de non-agression avec la Lettonie
4 mai 1932	Pacte de non-agression avec l'Estonie
1932-1933	Holodomor - famine en Ukraine
20 décembre 1934	Création de la RSSA de Mordovie
28 décembre 1934	Création de la RSSA d'Oudmourtie
1935	Création de la RSSA des Kalmouks
1936	Création des RSSA des Maris, des Komis, des Tchétchènes-Ingouches, d'Ossétie du Nord, de Kabardino-Balkarie
5 décembre 1936	Adoption de la nouvelle Constitution qui porte à 11 le nombre de RSS (Kazakhstan, Kirghizie, Arménie, Azerbaïdjan, Géorgie)
23 août 1939	Signature du pacte germano-soviétique
28 septembre 1939	Traité germano-soviétique de délimitation des frontières et d'amitié
12 mars 1940	Traité de paix soviéto-finlandais - la RSSA de Carélie devient RSS carélo-finnoise
2 août 1940	Création de la RSS de Moldavie (avec inclusion d'une grande partie de la Bessarabie)
3 août 1940	Annexion de la Lituanie
5 août 1940	Annexion de la Lettonie
6 août 1940	Annexion de l'Estonie
22 juin 1941	Attaque de l'URSS par l'Allemagne
1943-1944	Déportation collective des peuples accusés de collaboration avec l'ennemi
1954	Le *raïon* de Prigorodny est rattaché à l'Ossétie du Nord
26 juin 1944	Création de l'ONU avec l'URSS, l'Ukraine et la Biélorussie comme membres
29 juin 1944	La Tchécoslovaquie cède à l'URSS la Ruthénie subcarpatique (rattachée à l'Ukraine)
Octobre 1944	Annexion de Touva (devient RSSA en 1961)
10 février 1947	Traité de Paris - La Finlande et la Roumanie reconnaissent leurs nouvelles frontières avec l'URSS
25 janvier 1949	Création du Conseil d'aide économique mutuelle (CAEM)
5 mars 1953	Mort de Staline

19 février 1954	Rattachement de la Crimée à l'Ukraine
14 mai 1955	Création du Pacte de Varsovie
16 juillet 1956	La RSS carélo-finnoise devient RSSA de Carélie au sein de la RSFSR
1957	Réhabilitation de certains peuples déportés qui reviennent dans leur région d'origine
1er août 1975	Signature de l'Acte final de la CSCE
26 décembre 1979	Intervention militaire soviétique en Afghanistan
11 mars 1985	Election de Mikhaïl Gorbatchev au poste de secrétaire général du PCUS
8 novembre 1987	Célébration du 150e anniversaire du poète Ilia Chavchavadzé en Géorgie
11 février 1988	Manifestations dans le Haut-Karabakh pour demander le rattachement à l'Arménie
Février 1988	Manifestations en Arménie pour le rattachement du Haut-Karabakh à cette république
24 février 1988	Commémoration de l'indépendance de l'Estonie de 1920 à Tallinn
27 février 1988	Pogrom anti-arménien de Soumgaït
Juin 1988	Célébration officielle du millénaire de la conversion de la Russie au christianisme
9 février 1989	Célébration à Tbilissi du 900e anniversaire de l'accès au trône de David IV le Reconstructeur
9 avril 1989	Répression sanglante d'une manifestation à Tbilissi
7 décembre 1989	Le PC lituanien abandonne son rôle dirigeant
1990	Elections pluralistes aux soviets suprêmes des républiques fédérées
12 février 1990	Instauration de l'état d'urgence à Douchanbé
11 mars 1990	Proclamation de l'indépendance de la Lituanie
15 mars 1990	Election de Mikhaïl Gorbatchev à la présidence de l'URSS par le parlement
Mai 1990	Heurts ethniques entre Kirghizes et Ouzbeks au Kirghizstan
4 mai 1990	Proclamation de l'indépendance de la Lettonie
8 mai 1990	Proclamation de l'indépendance de l'Estonie
12 juin 1990	La RSFSR proclame sa souveraineté

Novembre 1990	Proclamation de la souveraineté de la Tchétchénie
1991	Transformation des *oblast* autonomes des Adyghéens, du Haut-Altaï, des Khakasses en république
1991-1992	Conflit ossète
9 avril 1991	Proclamation de l'indépendance de la Géorgie
12 juin 1991	Election au suffrage universel de Boris Eltsine à la présidence de la RSFSR
19-21 août 1991	Tentative de putsch à Moscou
24 août 1991	Proclamation de l'indépendance de l'Ukraine (confirmée par référendum le 1er décembre)
25 août 1991	Proclamation de l'indépendance de la Biélorussie
27 août 1991	Proclamation de l'indépendance de la Moldavie
30 août 1991	Proclamation de l'indépendance de l'Azerbaïdjan
31 août 1991	Proclamation de l'indépendance du Kirghizstan
31 août 1991	Proclamation de l'indépendance de l'Ouzbékistan
2 septembre 1991	Proclamation de la République moldave du Dniestr
3 septembre 1991	Proclamation de l'indépendance de la République de Gagaouzie
9 septembre 1991	Proclamation de l'indépendance du Tadjikistan
21 septembre 1991	Proclamation de l'indépendance de l'Arménie
27 octobre 1991	Proclamation de l'indépendance du Turkménistan
1er novembre 1991	Proclamation de l'indépendance de la Tchétchénie
8 décembre 1991	Signature de l'accord de Minsk sur la création de la CEI (Russie, Biélorussie, Ukraine)
16 décembre 1991	Proclamation de l'indépendance du Kazakhstan
21 décembre 1991	Accord d'Alma Ata, adhésion à la CEI de toutes les républiques soviétiques à l'exception des Etats baltes et de la Géorgie
26 décembre 1991	Le Soviet Suprême entérine la disparition de l'URSS

Tableaux statistiques

Tableau 1
Population du Kazakhstan par *oblast*

Répartition par nationalité et type de résidence

Nationalité	Total		Population urbaine		Population rurale	
	Nombre	%	Nombre	%	Nombre	%
OBLAST D'AKTIOUBINSK						
Total	732 653		396 377	54,1%	338 276	46,2%
Kazakhs	407 222	55,6%	159 575	39,2%	247 647	60,8%
Russes	173 281	23,7%	139 420	80,5%	33 861	19,5%
Ukrainiens	74 547	10,2%	46 145	61,9%	28 402	38,1%
Allemands	31 628	4,3%	19 360	61,2%	12 268	38,8%
AGGLOMERATION D'ALMATY						
Total	1 121 395					
Kazakhs	252 072	22,5%				
Russes	663 251	59,1%				
Ukrainiens	45 598	4,1%				
Ouïgours	40 880	3,6%				
***OBLAST* D'ALMATY (hors agglomération d'Almaty)**						
Total	977 373		215 483	22,0%	761 890	78,0%
Kazakhs	406 823	41,6%	41 684	10,2%	365 139	89,8%
Russes	294 236	30,1%	120 146	40,8%	174 090	59,2%
Ouïgours	103 704	10,6%	3 583	3,5%	100 121	96,5%
Allemands	61 277	6,3%	22 162	36,2%	39 115	63,8%
***OBLAST* DU KAZAKHSTAN ORIENTAL**						
Total	931 267		604 331	64,9%	326 936	35,1%
Kazakhs	253 706	27,2%	75 216	29,6%	178 490	70,4%
Russes	613 846	65,9%	484 353	78,9%	129 493	21,1%
***OBLAST* DE GOURIEV**						
Total	748 951		543 250	72,5%	205 701	27,5%
Kazakhs	504 041	67,3%	306 623	60,8%	197 418	39,2%
Russes	170 474	22,8%	164 247	96,3%	6 227	3,7%

Nationalité	Total		Population urbaine		Population rurale	
	Nombre	%	Nombre	%	Nombre	%
OBLAST DE DJAMBOUL						
Total	1 038 667		491 769	47,3%	546 898	52,7%
Kazakhs	507 302	48,8%	158 187	31,2%	349 115	68,8%
Russes	275 424	26,5%	205 527	74,6%	69 897	25,4%
Allemands	70 150	6,8%	32 717	46,6%	37 433	53,4%
OBLAST DE DJEZKAZGAN						
Total	493 601		385 282	78,1%	108 319	21,9%
Kazakhs	227 402	46,1%	136 848	60,2%	90 554	39,8%
Russes	172 272	34,9%	163 891	95,1%	8 381	4,9%
Ukrainiens	29 467	6,0%	27 504	93,3%	1 963	6,7%
Allemands	24 179	4,9%	21 222	87,8%	2 957	12,2%
OBLAST DE KARAGANDA						
Total	1 347 636		1 141 104	84,7%	206 532	15,3%
Kazakhs	231 782	17,2%	135 821	58,6%	95 961	41,4%
Russes	703 588	52,2%	651 874	92,6%	51 714	7,4%
Allemands	143 525	10,7%	112 568	78,4%	30 957	21,6%
Ukrainiens	107 098	7,9%	96 057	89,7%	11 041	10,3%
Tatars	45 811	3,4%	42 474	92,7%	3 337	7,3%
OBLAST DE KZYL-ORDA						
Total	644 979		416 297	64,5%	28 682	35,5%
Kazakhs	511 976	79,4%	289 413	56,5%	222 563	43,5%
Russes	86 042	13,3%	83 850	97,5%	2 192	2,5%
OBLAST DE KOKTCHETAV						
Total	662 125		256 838	38,8%	405 287	61,2%
Kazakhs	191 275	28,9%	50 985	26,7%	140 290	73,3%
Russes	261 797	39,5%	137 062	52,4%	124 735	47,6%
Allemands	81 985	12,4%	22 046	26,9%	59 939	73,1%
Ukrainiens	55 575	8,4%	21 698	39,0%	33 877	61,0%
OBLAST DE KOUSTANAÏ						
Total	1 222 705		617 938	50,5%	604 767	49,5%
Kazakhs	279 459	22,9%	69 126	24,7%	210 333	75,3%
Russes	534 715	43,7%	355 481	66,5%	179 234	33,5%
Ukrainiens	177 986	14,6%	91 101	51,2%	86 885	48,8%
Allemands	110 397	9,0%	42 021	38,1%	68 376	61,9%

Nationalité	Total		Population urbaine		Population rurale	
	Nombre	%	Nombre	%	Nombre	%
OBLAST **DE PAVLODAR**						
Total	942 313		603 176	64,0%	339 137	36,0%
Kazakhs	268 512	28,5%	105 200	39,2%	163 312	60,8%
Russes	427 658	45,4%	344 999	80,7%	82 659	19,3%
Allemands	95 342	10,1%	45 983	48,2%	49 359	51,8%
Ukrainiens	86 651	9,2%	60 076	69,3%	26 575	30,7%
OBLAST **DU NORD-KAZAKHSTAN**						
Total	599 696		284 389	47,4%	315 307	52,6%
Kazakhs	111 631	18,6%	26 784	24,0%	84 847	76,0%
Russes	372 263	62,1%	216 241	58,1%	156 022	41,9%
Allemands	39 293	6,6%	7 343	18,7%	31 950	81,3%
Ukrainiens	38 059	6,3%	13 464	35,4%	24 595	64,6%
OBLAST **DE SEMIPALATINSK**						
Total	834 417		427 267	51,2%	407 150	48,8%
Kazakhs	432 763	51,9%	139 263	32,2%	293 500	67,8%
Russes	300 533	36,0%	229 989	76,5%	70 544	23,5%
Allemands	44 113	5,3%	15 580	35,3%	28 533	64,7%
OBLAST **DE TALDY-KOURGAN**						
Total	715 076		321 557	45,0%	394 519	55,2%
Kazakhs	360 453	50,4%	88 690	24,6%	271 763	75,4%
Russes	235 338	32,9%	163 715	69,6%	71 623	30,4%
Allemands	35 329	4,9%	22 271	63,0%	13 058	37,0%
OBLAST **D'OURALSK**						
Total	629 494		267 362	42,5%	362 132	57,5%
Kazakhs	351 123	55,8%	75 488	21,5%	275 635	78,5%
Russes	216 514	34,4%	158 757	73,3%	57 757	26,7%
OBLAST **DE TSELINOGRAD**						
Total	1 002 793		569 820	56,8%	432 973	43,2%
Kazakhs	224 809	22,4%	93 451	41,6%	131 356	58,4%
Russes	447 844	44,7%	313 162	69,9%	134 682	30,1%
Allemands	123 694	12,3%	49 664	40,2%	74 030	59,8%
Ukrainiens	94 455	9,4%	52 089	55,1%	42 366	44,9%
OBLAST **DE TCHIMKENT**						
Total	1 818 323		738 947	40,6%	1 079 376	59,4%
Kazakhs	1 012 265	55,7%	301 880	29,8%	710 385	70,2%
Ouzbeks	285 042	15,7%	86 815	30,5%	198 227	69,5%
Russes	278 473	15,3%	227 273	81,6%	51 200	18,4%

Source : recensement URSS 1989

Langue maternelle par nationalité

Nationalité	Total		Langue maternelle kazakhe		Langue maternelle russe	
	Nombre	%	Nombre	%	Nombre	%
OBLAST **D'AKTIOUBINSK**						
Total	732 653		403 963	55,1%	260 443	35,5%
Kazakhs	407 222	55,6%	402 973	99,0%	4 194	1,0%
Russes	173 281	23,7%	27	0,02%	173 182	99,9%
Ukrainiens	74 547	10,2%	28	0,04%	51 274	68,8%
Allemands	31 628	4,3%	44	0,1%	14 972	47,3%
AGGLOMERATION D'ALMATY						
Total	1 121 395		241 916	21,6%	754 441	67,3%
Kazakhs	252 072	22,5%	240 884	95,6%	10 721	4,3%
Russes	663 251	59,1%	35	0,01%	662 931	99,9%
Ukrainiens	45 598	4,1%	4	0,01%	27 515	60,3%
Ouïgours	40 880	3,6%	189	0,5%	2 982	7,3%
OBLAST **D'ALMATY (hors agglomération d'Almaty)**						
Total	977 373		405 083	41,4%	344 110	35,2%
Kazakhs	406 823	41,6%	403 436	99,2%	3 171	0,8%
Russes	294 236	30,1%	32	0,01%	294 060	99,9%
Ouïgours	103 704	10,6%	499	0,5%	1 075	1,0%
Allemands	61 277	6,3%	29	0,05%	20 465	33,4%
OBLAST **DU KAZAKHSTAN ORIENTAL**						
Total	931 267		249 323	26,8%	654 022	70,2%
Kazakhs	253 706	27,2%	248 122	97,8%	5 520	2,2%
Russes	613 846	65,9%	21	0,003%	613 738	99,9%
OBLAST **DE GOURIEV**						
Total	748 951		502 429	67,1%	191 315	25,5%
Kazakhs	504 041	67,3%	501 995	99,6%	1 834	0,4%
Russes	170 474	22,8%	19	0,01%	170 384	99,9%
OBLAST **DE DJAMBOUL**						
Total	1 038 667		507 648	48,9%	350 022	33,7%
Kazakhs	507 302	48,8%	503 896	99,3%	3 104	0,6%
Russes	275 424	26,5%	34	0,01%	275 257	99,9%
Allemands	70 150	6,8%	37	0,1%	25 781	36,8%

Nationalité	Total		Langue maternelle kazakhe		Langue maternelle russe	
	Nombre	%	Nombre	%	Nombre	%
OBLAST DE DJEZKAZGAN						
Total	493 601		225 159	45,6%	222 750	45,1%
Kazakhs	227 402	46,1%	224 668	98,8%	2 658	1,2%
Russes	172 272	34,9%	13	0,01%	172 170	99,9%
Ukrainiens	29 467	6,0%	8	0,03%	16 837	57,1%
Allemands	24 179	4,9%	16	0,1%	13 260	54,8%
OBLAST DE KARAGANDA						
Total	1 347 636		221 635	16,4%	919 513	68,2%
Kazakhs	231 782	17,2%	220 657	95,2%	10 985	4,7%
Russes	703 588	52,2%	62	0,01%	703 252	99,9%
Allemands	143 525	10,7%	72	0,1%	66 971	46,7%
Ukrainiens	107 098	7,9%	14	0,01%	63 894	59,7%
Tatars	45 811	3,4%	532	1,2%	13 892	30,3%
OBLAST DE KZYL-ORDA						
Total	644 979		510 468	79,1%	103 657	16,1%
Kazakhs	511 976	79,4%	509 896	99,6%	1 299	0,3%
Russes	86 042	13,3%	23	0,03%	85 915	99,9%
OBLAST DE KOKTCHETAV						
Total	662 125		188 488	28,5%	379 153	57,3%
Kazakhs	191 275	28,9%	187 810	98,2%	3 395	1,8%
Russes	261 797	39,5%	24	0,01%	261 660	99,9%
Allemands	81 985	12,4%	34	0,04%	36 235	44,2%
Ukrainiens	55 575	8,4%	5	0,01%	37 374	67,2%
OBLAST DE KOUSTANAÏ						
Total	1 222 705		268 887	22,0%	782 245	64,0%
Kazakhs	279 459	22,9%	268 265	96,0%	11 101	4,0%
Russes	534 715	43,7%	18	0,003%	534 489	99,9%
Ukrainiens	177 986	14,6%	9	0,01%	118 999	66,9%
Allemands	110 397	9,0%	8	0,01%	61 435	55,6%
OBLAST DE PAVLODAR						
Total	942 313		262 566	27,9%	567 005	60,2%
Kazakhs	268 512	28,5%	261 453	97,4%	6 930	2,6%
Russes	427 658	45,4%	34	0,01%	427 456	99,9%
Allemands	95 342	10,1%	67	0,1%	47 076	49,4%
Ukrainiens	86 651	9,2%	17	0,02%	56 981	65,8%

Nationalité	Total		Langue maternelle kazakhe		Langue maternelle russe	
	Nombre	%	Nombre	%	Nombre	%
OBLAST **DU NORD-KAZAKHSTAN**						
Total	599 696		108 349	18,1%	436 649	72,8%
Kazakhs	111 631	18,6%	107 907	96,7%	3 622	3,2%
Russes	372 263	62,1%	9	0,002%	372 165	99,9%
Allemands	39 293	6,6%	10	0,03%	19 914	50,7%
Ukrainiens	38 059	6,3%	4	0,01%	24 924	65,5%
OBLAST **DE SEMIPALATINSK**						
Total	834 417		431 314	51,7%	345 717	41,4%
Kazakhs	432 763	51,9%	428 306	99,0%	4 257	1,0%
Russes	300 533	36,0%	60	0,02%	300 327	99,9%
Allemands	44 113	5,3%	178	0,4%	18 128	41,1%
OBLAST **DE TALDY-KOURGAN**						
Total	715 076		360 358	50,4%	237 484	33,2%
Kazakhs	360 453	50,4%	358 121	99,4%	2 182	0,6%
Russes	235 338	32,9%	38	0,02%	235 247	99,9%
Allemands	35 329	4,9%	30	0,1%	11 559	32,7%
OBLAST **D'OURALSK**						
Total	629 494		349 480	55,5%	250 498	39,8%
Kazakhs	351 123	55,8%	348 000	99,1%	3 026	0,9%
Russes	216 514	34,4%	61	0,03%	216 379	99,9%
OBLAST **DE TSELINOGRAD**						
Total	1 002 793		219 024	21,8%	621 996	62,0%
Kazakhs	224 809	22,4%	218 033	97,0%	6 704	3,0%
Russes	447 844	44,7%	18	0,004%	447 583	99,9%
Allemands	123 694	12,3%	51	0,04%	56 956	46,0%
Ukrainiens	94 455	9,4%	7	0,01%	58 912	62,4%
OBLAST **DE TCHIMKENT**						
Total	1 818 323		1 011 593	55,6%	346 247	19,0%
Kazakhs	1 012 265	55,7%	1 006 965	99,5%	4 193	0,4%
Ouzbeks	285 042	15,7%	2 230	0,8%	2 550	0,9%
Russes	278 473	15,3%	52	0,02%	278 057	99,9%

Source : recensement URSS 1989

Tableau 2
Population du Kirghizstan par *oblast*

Répartition par nationalité et type de résidence

Nationalité	Total		Population urbaine		Population rurale	
	Nombre	%	Nombre	%	Nombre	%
VILLE DE BICHKEK[41] (FROUNZE) ET POPULATIONS RATTACHEES						
Total	619 903					
Kirghizes	141 841	22,9%				
Russes	345 387	55,7%				
Ukrainiens	34 321	5,5%				
***OBLAST* DE L'ISSYK-KOUL**						
Total	658 066		181 225	27,5%	476 841	72,5%
Kirghizes	520 097	79,0%	108 317	20,8%	411 780	79,2%
Russes	95 613	14,5%	52 474	54,9%	43 139	45,1%
***OBLAST* D'OCH**						
Total	1 996 303		570 334	28,6%	1 426 469	71,5%
Kirghizes	1 192 133	59,7%	183 496	15,4%	1 008 637	84,6%
Ouzbeks	520 526	26,1%	185 824	35,7%	334 702	64,3%
Russes	126 111	6,3%	113 328	89,9%	12 783	10,1%
ARRONDISSEMENTS DE SUBORDINATION REPUBLICAINE						
Total	982 983		256 390	26,1%	726 593	73,9%
Kirghizes	375 592	38,2%	53 183	14,2%	322 409	85,8%
Russes	349 447	35,5%	130 926	37,5%	218 521	62,5%
Allemands	90 394	9,2%	24 043	26,6%	56 351	62,3%
Ukrainiens	47 539	4,8%	14 620	30,8%	32 919	69,2%

Source : recensement URSS 1989

---

[41] Cette région n'a pas le statut d'*oblast*.

Langue maternelle par nationalité

Nationalité	Total		Langue maternelle kirghize		Langue maternelle russe	
	Nombre	%	Nombre	%	Nombre	%
VILLE DE BICHKEK[42] (FROUNZE) ET POPULATIONS RATTACHEES						
Total	619 903		139 906	22,6%	404 765	65,3%
Kirghizes	141 841	22,9%	138 894	97,9%	2 725	1,9%
Russes	345 387	55,7%	12	0,003%	345 211	99,9%
Ukrainiens	34 321	5,5%	-	0,00%	23 709	69,1%
***OBLAST* DE L'ISSYK-KOUL**						
Total	658 066		528 762	80,4%	104 928	15,9%
Kirghizes	520 097	79,0%	519 207	99,8%	728	0,1%
Russes	95 613	14,5%	30	0,03%	95 543	99,9%
***OBLAST* D'OCH**						
Total	1 996 303		1 193 351	59,8%	158 917	8,0%
Kirghizes	1 192 133	59,7%	1 187 732	99,6%	2 154	0,2%
Ouzbeks	520 526	26,1%	2 027	0,39%	2 367	0,5%
Russes	126 111	6,3%	20	0,02%	125 967	99,9%
ARRONDISSEMENTS DE SUBORDINATION REPUBLICAINE						
Total	982 983		377 025	38,4%	422 057	42,9%
Kirghizes	375 592	38,2%	373 491	99,4%	1 795	0,5%
Russes	349 447	35,5%	23	0,01%	349 170	99,9%
Allemands	90 394	9,2%	6	0,01%	25 260	27,9%
Ukrainiens	47 539	4,8%	9	0,02%	31 601	66,5%

Source : recensement URSS 1989

---

[42] Cette région n'a pas le statut d'*oblast*.

Tableau 3
Population de la Biélorussie par *oblast*

Répartition par nationalité et par type de résidence

Nationalité	Total		Population urbaine		Population rurale	
	Nombre	%	Nombre	%	Nombre	%
OBLAST **DE BREST-LITOVSK**						
Total	1 449 002		819 317	56,5%	629 685	43,5%
Biélorusses	1 199 536	82,8%	624 683	52,1%	574 853	47,9%
Russes	145 887	10,1%	125 556	86,1%	20 331	13,9%
Polonais	31 574	2,2%	18 315	58,0%	13 359	42,3%
Ukrainiens	60 644	4,2%	41 525	68,5%	19 119	31,5%
OBLAST **DE VITEBSK**						
Total	1 409 909		905 617	64,2%	504 292	35,8%
Biélorusses	1 119 479	79,4%	681 061	60,8%	438 418	39,2%
Russes	213 911	15,2%	174 098	81,4%	39 813	18,6%
Polonais	25 266	1,8%	8 346	33,0%	16 420	65,0%
Ukrainiens	26 148	1,9%	20 793	79,5%	5 355	20,5%
OBLAST **DE GOMEL**						
Total	1 667 795		1 064 806		602 989	
Biélorusses	1 338 097	80,2%	785 280	58,7%	552 817	41,3%
Russes	210 419	12,6%	179 498	85,3%	30 921	14,7%
Polonais	4 556	0,3%	3 280	72,0%	1 276	28,0%
Ukrainiens	68 600	4,1%	54 131	78,9%	14 469	21,1%
OBLAST **DE GRODNO**						
Total	1 163 608		665 634	57,2%	497 974	42,8%
Biélorusses	702 208	60,3%	390 729	55,6%	311 479	44,4%
Russes	124 250	10,7%	108 153	87,0%	16 097	13,0%
Polonais	300 336	25,8%	137 696	45,8%	163 140	54,3%
Ukrainiens	23 401	2,0%	19 765	84,5%	3 636	15,5%

Source : recensement URSS 1989

Nationalité	Total		Population urbaine		Population rurale	
	Nombre	%	Nombre	%	Nombre	%
AGGLOMERATION DE MINSK						
Total	1 607 077					
Biélorusses	1 153 991	71,8%				
Russes	325 125	20,2%				
Polonais	18 479	1,1%				
Ukrainiens	53 244	3,3%				
***OBLAST* DE MINSK (hors agglomération de Minsk)**						
Total	1 574 618		738 829	46,9%	835 789	53,1%
Biélorusses	1 339 427	85,1%	586 420	43,8%	753 007	56,2%
Russes	156 500	9,9%	110 666	70,7%	45 834	29,3%
Polonais	33 246	2,1%	10 883	32,7%	22 365	67,3%
Ukrainiens	29 577	1,9%	19 796	66,9%	9 781	33,1%
***OBLAST* DE MOGHILEV**						
Total	1 279 797		840 599	65,7%	439 198	34,3%
Biélorusses	1 051 885	82,2%	644 483	61,3%	407 402	38,7%
Russes	166 007	13,0%	141 409	85,2%	24 598	14,8%
Polonais	3 661	0,3%	3 147	86,0%	514	14,0%
Ukrainiens	29 394	2,3%	24 816	84,4%	4 578	15,6%

Source : recensement URSS 1989

Langue maternelle par nationalité

Nationalité	Total		Langue maternelle biélorusse		Langue maternelle russe	
	Nombre	%	Nombre	%	Nombre	%
***OBLAST* DE BREST-LITOVSK**						
Total	1 449 002		1 004 395	69,3%	403 541	27,8%
Biélorusses	1 199 536	82,8%	975 766	81,3%	222 996	18,6%
Russes	145 887	10,1%	3 181	2,2%	142 562	97,7%
Polonais	31 574	2,2%	21 201	67,1%	8 257	26,2%
Ukrainiens	60 644	4,2%	3 727	6,1%	23 167	38,2%

Nationalité	Total		Langue maternelle biélorusse		Langue maternelle russe	
	Nombre	%	Nombre	%	Nombre	%
OBLAST DE VITEBSK						
Total	1 409 909		883 849	62,7%	503 781	35,7%
Biélorusses	1 119 479	79,4%	859 948	76,8%	259 281	23,2%
Russes	213 911	15,2%	4 608	2,2%	209 184	97,8%
Polonais	25 266	1,8%	17 053	67,5%	4 213	16,7%
Ukrainiens	26 148	1,9%	1 179	4,5%	14 332	54,8%
OBLAST DE GOMEL						
Total	1 667 795		1 109 115		512 866	
Biélorusses	1 338 097	80,2%	1 097 534	82,0%	269 923	20,2%
Russes	210 419	12,6%	3 646	1,7%	206 573	98,2%
Polonais	4 556	0,3%	2 286	50,2%	1 770	38,8%
Ukrainiens	68 600	4,1%	4 061	5,9%	30 579	44,6%
OBLAST DE GRODNO						
Total	1 163 608		792 558	68,1%	310 681	26,7%
Biélorusses	702 208	60,3%	595 883	84,9%	106 290	15,1%
Russes	124 250	10,7%	5 076	4,1%	119 081	95,8%
Polonais	300 336	25,8%	187 335	62,4%	66 395	22,1%
Ukrainiens	23 401	2,0%	2 160	9,2%	12 944	55,3%
AGGLOMERATION DE MINSK						
Total	1 607 077		726 669	45,2%	850 859	52,9%
Biélorusses	1 153 991	71,8%	710 831	61,6%	442 517	38,3%
Russes	325 125	20,2%	4 349	1,3%	320 511	98,6%
Polonais	18 479	1,1%	8 552	46,3%	8 878	48,0%
Ukrainiens	53 244	3,3%	1 818	3,4%	33 937	63,7%
OBLAST DE MINSK (hors agglomération de Minsk)						
Total	1 574 618		1 280 607	81,3%	270 598	17,2%
Biélorusses	1 339 427	85,1%	1 241 385	92,7%	97 327	7,3%
Russes	156 500	9,9%	5 852	3,7%	150 432	96,1%
Polonais	33 246	2,1%	29 061	87,4%	2 732	8,2%
Ukrainiens	29 577	1,9%	2 517	8,5%	12 270	41,5%

Nationalité	Total		Langue maternelle biélorusse		Langue maternelle russe	
	Nombre	%	Nombre	%	Nombre	%
OBLAST DE MOGHILEV						
Total	1 279 797		866 963	67,7%	390 853	30,5%
Biélorusses	1 051 885	82,2%	860 063	81,8%	191 498	18,2%
Russes	166 007	13,0%	3 173	1,9%	162 700	98,0%
Polonais	3 661	0,3%	1 302	35,6%	1 959	53,5%
Ukrainiens	29 394	2,3%	1 554	5,3%	14 516	49,4%

Source : recensement URSS 1989

Tableau 4
Population du Turkménistan par *oblast*

Répartition par nationalité et par type de résidence

Nationalité	Total		Population urbaine		Population rurale	
	Nombre	%	Nombre	%	Nombre	%
AGGLOMERATION D'ACHKHABAD						
Total	403 238					
Turkmènes	205 388	50,9%				
Russes	130 227	32,3%				
OBLAST DE MARY						
Total	811 840		218 771	26,9%	593 069	73,1%
Turkmènes	658 539	81,1%	112 293	17,1%	546 246	82,9%
Russes	56 502	7,0%	53 066	93,9%	3 436	6,1%
OBLAST DE TACHAOUZ						
Total	696 552		217 398	31,2%	479 154	68,8%
Turkmènes	428 024	61,4%	94 974	22,2%	333 050	77,8%
Ouzbeks	219 790	31,6%	96 091	43,7%	123 699	56,3%
Russes	7 315	1,1%	6 626	90,6%	689	9,4%
OBLAST DE TCHARDJOOU						
Total	732 820		319 243	43,6%	413 577	56,4%
Turkmènes	551 930	75,3%	174 162	31,6%	377 768	68,4%
Ouzbeks	85 254	11,6%	56 798	66,6%	28 456	33,4%
Russes	56 082	7,7%	54 949	98,0%	1 133	2,0%

Nationalité	Total		Population urbaine		Population rurale	
	Nombre	%	Nombre	%	Nombre	%
ARRONDISSEMENTS DE SUBORDINATION REPUBLICAINE[43]						
Total	878 267		434 064	49,4%	444 203	50,6%
Turkmènes	692 725	79%	271 036	39,1%	421 689	60,9%
Russes	83 766	9,5%	78 678	93,9%	5 088	6,1%

Source : recensement URSS 1989

Langue maternelle par nationalité

Nationalité	Total		Langue maternelle turkmène		Langue maternelle russe	
	Nombre	%	Nombre	%	Nombre	%
AGGLOMERATION D'ACHKHABAD						
Total	403 238		198 214	49,2%	165 342	41,0%
Turkmènes	205 388	50,9%	197 545	96,2%	7 770	3,8%
Russes	130 227	32,3%	20	0,02%	130 169	99,96%
***OBLAST* DE MARY**						
Total	811 840		658 287	81,1%	68 726	8,5%
Turkmènes	658 539	81,1%	656 354	99,7%	2 002	0,3%
Russes	56 502	7,0%	20	0,04%	56 451	99,91%
***OBLAST* DE TACHAOUZ**						
Total	696 552		430 350	61,8%	11 039	1,6%
Turkmènes	428 024	61,4%	427 001	99,8%	715	0,2%
Ouzbeks	219 790	31,6%	2 646	1,2%	835	0,4%
Russes	7 315	1,1%	21	0,3%	7 270	99,4%
***OBLAST* DE TCHARDJOOU**						
Total	732 820		555 361	75,8%	72 048	9,8%
Turkmènes	551 930	75,3%	547 425	99,2%	4 077	0,7%
Ouzbeks	85 254	11,6%	7 243	8,5%	1 825	2,1%
Russes	56 082	7,7%	33	0,1%	56 010	99,9%
ARRONDISSEMENTS DE SUBORDINATION REPUBLICAINE						
Total	878 267		691 311	78,7%	103 860	11,8%
Turkmènes	692 725	79%	688 955	99,5%	3 488	0,5%
Russes	83 766	9,5%	26	0,03%	83 675	99,9%

Source : recensement URSS 1989

---

[43] Il s'agit de la partie sud-ouest du pays, où se trouve Achkhabad

Tableau 5
Population de l'Ouzbékistan par *oblast*

Répartition par nationalité et par type de résidence

Nationalité	Total		Population urbaine		Population rurale	
	Nombre	%	Nombre	%	Nombre	%
REPUBLIQUE AUTONOME DE KARAKALPAKIE						
Total	1 212 207		580 702	47,9%	631 505	52,1%
Karakalpaks	389 146	32,1%	211 850	54,4%	177 296	45,6%
Ouzbeks	397 826	32,8%	135 989	34,2%	261 837	65,8%
Kazakhs	318 739	26,3%	184 134	57,8%	134 605	42,2%
Russes	19 846	1,6%	18 873	95,1%	973	4,9%
***OBLAST* D'ANDIJAN**						
Total	1 721 337		555 441	32,3%	1 165 896	67,7%
Ouzbeks	1 506 993	87,5%	448 399	29,8%	1 058 594	70,2%
Russes	44 658	2,6%	41 870	93,8%	2 788	6,2%
***OBLAST* DE BOUKHARA**						
Total	1 622 484		620 766	38,3%	1 001 718	61,7%
Ouzbeks	1 226 967	75,6%	358 067	29,2%	68 900	70,8%
Russes	133 197	8,2%	130 418	97,9%	2 779	2,1%
Kazakhs	91 126	5,6%	27 774	30,5%	63 352	69,5%
***OBLAST* DE LA KACHKADARIA**						
Total	1 595 760		413 451	25,9%	1 182 309	74,1%
Ouzbeks	1 399 238	87,7%	318 787	22,8%	1 080 451	77,2%
Tadjiks	79 876	5,0%	9 214	11,5%	70 662	88,5%
Russes	37 579	2,4%	34 260	91,2%	3 319	8,8%
***OBLAST* DE NAMANGAN**						
Total	1 470 871		546 971	37,2%	923 900	62,8%
Ouzbeks	1 252 218	85,1%	411 311	32,8%	840 907	67,2%
Tadjiks	129 963	8,8%	69 011	53,1%	60 952	46,9%
Russes	27 229	1,9%	25 698	94,4%	1 531	5,6%

Nationalité	Total		Population urbaine		Population rurale	
	Nombre	%	Nombre	%	Nombre	%
OBLAST DE SAMARCANDE						
Total	2 281 872		693 140	30,4%	1 588 732	69,6%
Ouzbeks	1 764 001	77,3%	359 208	20,4%	1 404 793	79,6%
Tadjiks	209 161	9,2%	70 909	33,9%	138 252	66,1%
Russes	113 522	5,0%	107 054	94,3%	6 468	5,7%
OBLAST DE LA SOURKHANDARIA						
Total	1 249 879		241 670	19,3%	1 008 209	80,7%
Ouzbeks	993 244	79,5%	139 772	14,1%	853 472	85,9%
Tadjiks	160 837	12,9%	34 989	21,8%	125 848	78,2%
Russes	37 846	3,0%	33 134	87,5%	4 712	12,5%
OBLAST DU SYR-DARIA						
Total	1 297 949		401 792	31,0%	896 157	69,0%
Ouzbeks	923 534	71,2%	212 878	23,1%	710 656	76,9%
Russes	88 415	6,8%	70 968	80,3%	17 447	19,7%
Kazakhs	71 406	5,5%	17 685	24,8%	53 721	75,2%
AGGLOMERATION DE TACHKENT						
Total	2 060 206					
Ouzbeks	910 334	44,2%				
Russes	701 326	34,0%				
Tatars	129 236	6,3%				
OBLAST DE TACHKENT (hors agglomération de Tachkent)						
Total	2 143 462		953 731	44,5%	1 189 731	55,5%
Ouzbeks	1 075 486	50,2%	346 763	32,2%	728 723	67,8%
Russes	313 855	14,6%	272 033	86,7%	41 822	13,3%
Kazakhs	266 365	12,4%	45 373	17,0%	220 992	83,0%
OBLAST DE LA FERGHANA						
Total	2 141 737		694 115	32,4%	1 447 622	67,6%
Ouzbeks	1 735 011	81,0%	433 338	25,0%	1 301 673	75,0%
Russes	123 826	5,8%	120 918	97,7%	2 908	2,3%
Tadjiks	114 482	5,3%	27467	24,0%	87 015	76,0%
OBLAST DE KHOREZM						
Total	1 012 313		278 978	27,6%	733 335	72,4%
Ouzbeks	957 623	94,6%	245 180	25,6%	712 443	74,4%
Russes	12 179	1,2%	11 078	91,0%	1 101	9,0%

Source : recensement URSS 1989

Langue maternelle par nationalité

Nationalité	Total		Langue maternelle ouzbèque		Langue maternelle russe	
	Nombre	%	Nombre	%	Nombre	%
REPUBLIQUE AUTONOME DE KARAKALPAKIE						
Total	1 212 207		393 754	32,5%	33 517	2,8%
Karakalpaks	389 146	32,1%	5 447	1,4%	1 504	0,4%
Ouzbeks	397 826	32,8%	378 016	95,02%	1 575	0,4%
Kazakhs	318 739	26,3%	7 259	2,28%	1 524	0,5%
Russes	19 846	1,6%	35	0,2%	19 738	99,5%
***OBLAST* D'ANDIJAN**						
Total	1 721 337		1 535 834	89,2%	55 509	3,2%
Ouzbeks	1 506 993	87,5%	1 503 783	99,8%	2 964	0,2%
Russes	44 658	2,6%	134	0,30%	44 480	99,6%
***OBLAST* DE BOUKHARA**						
Total	1 622 484		1 164 556	71,8%	174 487	10,8%
Ouzbeks	1 226 967	75,6%	1 155 245	94,2%	8 839	0,7%
Russes	133 197	8,2%	93	0,07%	132 973	99,8%
Kazakhs	91 126	5,6%	373	0,4%	829	0,9%
***OBLAST* DE LA KACHKADARIA**						
Total	1 595 760		1 397 057	87,5%	49 720	3,1%
Ouzbeks	1 399 238	87,7%	1 393 942	99,6%	2 908	0,2%
Tadjiks	79 876	5,0%	1 172	1,5%	204	0,3%
Russes	37 579	2,4%	35	0,1%	37 507	99,8%
***OBLAST* DE NAMANGAN**						
Total	1 470 871		1 255 650	85,4%	36 367	2,5%
Ouzbeks	1 252 218	85,1%	1 249 779	99,8%	1 921	0,2%
Tadjiks	129 963	8,8%	3 251	2,50%	255	0,2%
Russes	27 229	1,9%	42	0,15%	27 178	99,8%
***OBLAST* DE SAMARCANDE**						
Total	2 281 872		1 744 540	76,5%	155 803	6,8%
Ouzbeks	1 764 001	77,3%	1 723 164	97,7%	7 002	0,4%
Tadjiks	209 161	9,2%	1 912	0,9%	1 419	0,7%
Russes	113 522	5,0%	66	0,1%	113 303	99,8%

Nationalité	Total		Langue maternelle ouzbèque		Langue maternelle russe	
	Nombre	%	Nombre	%	Nombre	%
OBLAST DE LA SOURKHANDARIA						
Total	1 249 879		1 004 557	80,4%	49 923	4,0%
Ouzbeks	993 244	79,5%	989 764	99,6%	2 408	0,2%
Tadjiks	160 837	12,9%	11 457	7,1%	803	0,5%
Russes	37 846	3,0%	81	0,2%	37 714	99,7%
OBLAST DU SYR-DARIA						
Total	1 297 949		929 891	71,6%	117 394	9,0%
Ouzbeks	923 534	71,2%	919 694	99,6%	3 145	0,3%
Russes	88 415	6,8%	51	0,06%	88 306	99,9%
Kazakhs	71 406	5,5%	490	0,7%	722	1,0%
AGGLOMERATION DE TACHKENT						
Total	2 060 206		901 178	43,7%	889 631	43,2%
Ouzbeks	910 334	44,2%	892 352	98,0%	17 566	1,9%
Russes	701 326	34,0%	58	0,01%	701 139	99,9%
Tatars	129 236	6,3%	1 827	1,41%	30 656	23,7%
OBLAST DE TACHKENT (hors agglomération de Tachkent)						
Total	2 143 462		1 088 556	50,8%	413 272	19,3%
Ouzbeks	1 075 486	50,2%	1 065 429	99,1%	7 993	0,7%
Russes	313 855	14,6%	142	0,05%	313 472	99,9%
Kazakhs	266 365	12,4%	8 554	3,21%	3 196	1,2%
OBLAST DE LA FERGHANA						
Total	2 141 737		1 750 719	81,7%	154 414	7,2%
Ouzbeks	1 735 011	81,0%	1 729 770	99,7%	4 530	0,3%
Russes	123 826	5,8%	131	0,11%	123 637	99,8%
Tadjiks	114 482	5,3%	8 927	7,80%	613	0,5%
OBLAST DE KHOREZM						
Total	1 012 313		961 797	95,0%	21 597	2,1%
Ouzbeks	957 623	94,6%	954 774	99,7%	2 717	0,3%
Russes	12 179	1,2%	94	0,8%	12 066	99,1%

Source : recensement URSS 1989

Tableau 6
Population du Tadjikistan par *oblast*

Répartition par nationalité et par type de résidence

Nationalité	Total		Population urbaine		Population rurale	
	Nombre	%	Nombre	%	Nombre	%
***OBLAST* AUTONOME DU HAUT-BADAKHCHAN**						
Total	160 887		20 154	12,5%	140 733	87,5%
Tadjiks	143 932	89,5%	18 995	13,2%	124 937	86,8%
Kirghizes	10 756	6,7%	35	0,3%	10 721	99,7%
Russes	3 195	2,0%	640	20,0%	2 555	80,0%
AGGLOMERATION DE DOUCHANBE						
Total	601 501					
Tadjiks	235 392	39,1%				
Russes	194 691	32,4%				
Ouzbeks	62 752	10,4%				
***OBLAST* DE KOULIAB**						
Total	619 066		156 130	25,2%	462 936	74,8%
Tadjiks	525 131	84,8%	132 259	25,2%	392 872	74,8%
Ouzbeks	78 622	12,7%	15 245	19,4%	63 377	80,6%
Russes	8 123	1,3%	5 160	63,5%	2 963	36,5%
***OBLAST* DE KOURGAN-TIOUBE**						
Total	1 044 920		182 009	17,4%	862 911	82,6%
Tadjiks	616 144	59,0%	89 954	14,6%	526 290	85,4%
Ouzbeks	333 774	31,9%	34 244	10,3%	299 530	89,7%
Russes	35 227	3,4%	29 443	83,6%	5 784	16,4%
***OBLAST* DE KHODJENT (LENINABAD)**						
Total	1 554 145		522 384	33,6%	1 031 761	66,4%
Tadjiks	884 877	57%	277 890	31,4%	606 987	68,6%
Ouzbeks	486 228	31,3%	82 259	16,9%	403 969	83,1%
Russes	100 530	6,5%	97 141	96,6%	3 389	3,4%
ARRONDISSEMENTS DE SUBORDINATION REPUBLICAINE						
Total	1 112 084		180 463	16,2%	931 621	83,8%
Tadjiks	766 944	69,0%	89 131	11,6%	677 813	88,4%
Ouzbeks	236 215	21,2%	31 378	13,3%	204 839	86,7%
Russes	46 715	4,2%	37 801	80,9%	8 914	19,1%

Source : recensement URSS 1989

Langue maternelle par nationalité

Nationalité	Total		Langue maternelle tadjike		Langue maternelle russe	
	Nombre	%	Nombre	%	Nombre	%
OBLAST AUTONOME DU HAUT-BADAKHCHAN						
Total	160 887		143 381	89,1%	4 184	2,6%
Tadjiks	143 932	89,5%	143 367	99,6%	295	0,2%
Kirghizes	10 756	6,7%	6	0,06%	20	0,19%
Russes	3 195	2,0%	2	0,06%	3 187	99,7%
AGGLOMERATION DE DOUCHANBE						
Total	601 501		233 629	38,8%	249 469	41,5%
Tadjiks	235 392	39,1%	228 110	96,9%	6 662	2,8%
Russes	194 691	32,4%	82	0,04%	194 492	99,9%
Ouzbeks	62 752	10,4%	3 065	4,9%	2 937	4,7%
OBLAST DE KOULIAB						
Total	619 066		526 744	85,1%	10 634	1,7%
Tadjiks	525 131	84,8%	523 562	99,7%	857	0,2%
Ouzbeks	78 622	12,7%	2 620	3,3%	208	0,3%
Russes	8 123	1,3%	26	0,3%	8 083	99,5%
OBLAST DE KOURGAN-TIOUBE						
Total	1 044 920		614 598	58,8%	48 154	4,6%
Tadjiks	616 144	59,0%	612 227	99,4%	2 539	0,4%
Ouzbeks	333 774	31,9%	1 895	0,6%	1 329	0,4%
Russes	35 227	3,4%	25	0,1%	35 173	99,8%
OBLAST DE KHODJENT (LENINABAD)						
Total	1 554 145		883 253	56,8%	122 968	7,9%
Tadjiks	884 877	57%	880 216	99,5%	2 422	0,3%
Ouzbeks	486 228	31,3%	2 226	0,46%	1 575	0,3%
Russes	100 530	6,5%	14	0,01%	100 485	99,96%
ARRONDISSEMENTS DE SUBORDINATION REPUBLICAINE						
Total	1 112 084		764 043	68,7%	59 771	5,4%
Tadjiks	766 944	69,0%	761 052	99,2%	3 260	0,4%
Ouzbeks	236 215	21,2%	232 909	98,6%	1 275	0,5%
Russes	46 715	4,2%	46 625	99,8%	46 625	99,8%

Source : recensement URSS 1989

Tableau 7
Population des *okroug* autonomes

Répartition par nationalité et par type de résidence

Nationalité	Total		Population urbaine		Population rurale	
	Nombre	%	Nombre	%	Nombre	%
OKROUG AUTONOME DE TAÏMYR (KRAÏ DE KRASNOÏARSK)						
Total	55 803		36 717	65,8%	19 086	34,2%
Dolganes	4 939	8,9%	385	7,8%	4 554	92,2%
Nenets	2 446	4,4%	191	7,8%	2 255	92,2%
Nanassans	849	1,5%	44	5,2%	805	94,8%
Evenks	311	0,6%	30	9,6%	281	90,4%
Enets	103	0,2%	13	12,6%	90	87,4%
Russes	37 438	67,1%	29 069	77,6%	8 369	22,4%
Ukrainiens	4 816	8,6%	3 512	72,9%	1 304	27,1%
OKROUG AUTONOME DES EVENKS (KRAÏ DE KRASNOÏARSK)						
Total	24 769		7 686	31,0%	5 347	62,0%
Evenks	3 480	14,0%	750	21,6%	2 126	61,1%
Russes	16 718	67,5%	5 611	33,6%	1 102	66,4%
Ukrainiens	1 303	5,3%	450	34,5%	488	37,5%
OKROUG AUTONOME DES NENETS (OBLAST D'ARKHANGELSK)						
Total	53 912		34 336	63,7%	19 576	36,3%
Nenets	6 423	11,9%	806	12,5%	5 617	87,5%
Russes	35 489	65,8%	25 962	73,2%	9 527	26,8%
Komis	5 124	9,5%	2 046	39,9%	3 078	60,1%
OKROUG AUTONOME DE BOURIATIE OUST-ORDA (OBLAST D'IRKOUTSK)						
Total	135 870		25 262	18,6%	10 608	81,4%
Bouriates	49 298	36,3%	7 860	15,9%	41 438	84,1%
Russes	76 827	56,5%	15 813	20,6%	61 014	79,4%

Nationalité	Total		Population urbaine		Population rurale	
	Nombre	%	Nombre	%	Nombre	%
OKROUG AUTONOME DES KORIAKS (OBLAST DU KAMTCHATKA)						
Total	39 940		15 309	38,3%	24 631	61,7%
Koriaks	6 572	16,5%	1 423	21,7%	5 149	78,3%
Tchouktches	1 460	3,7%	30	2,1%	1 430	97,9%
Itelmènes	1 179	3,0%	138	11,7%	1 041	88,3%
Evens	713	1,8%	61	8,6%	652	91,4%
Russes	24 773	62,0%	11 374	45,9%	13 399	54,1%
Ukrainiens	2 896	7,3%	1 222	42,2%	1 674	57,8%
OKROUG AUTONOME DES TCHOUKTCHES (OBLAST DE MAGADAN)						
Total	163 934		118 986	72,6%	44 948	27,4%
Tchouktches	11 914	7,3%	971	8,2%	10 943	91,8%
Esquimaux	1 452	0,9%	209	14,4%	1 243	85,6%
Evens	1 336	0,8%	184	13,8%	1 152	86,2%
Tchouvants	944	0,6%	446	47,2%	498	52,8%
Russes	108 297	66,1%	85 957	79,4%	22 340	20,6%
Ukrainiens	27 600	16,8%	21 677	78,5%	5 923	21,5%
OKROUG AUTONOME DES KOMIS PERMIAKS (OBLAST DE PERM)						
Total	158 526		47 276	29,8%	111 250	70,2%
Komis-Permiaks	95 415	60,2%	24 311	25,5%	71 104	74,5%
Russes	57 272	36,1%	21 522	37,6%	35 750	62,4%
OKROUG AUTONOME DES KHANTYS-MANSIS (OBLAST DE TIOUMEN)						
Total	1 282 396		1 166 339	90,9%	116 057	9,1%
Khantys	11 892	0,9%	3 741	31,5%	8 151	68,5%
Mansis	6 562	0,5%	2 688	41,0%	3 874	59,0%
Russes	850 297	66,3%	773 468	91,0%	76 829	9,0%
Ukrainiens	148 317	11,6%	139 087	93,8%	9 230	6,2%
Tatars	97 689	7,6%	92 822	95,0%	4 867	5,0%

Nationalité	Total		Population urbaine		Population rurale	
	Nombre	%	Nombre	%	Nombre	%
OKROUG AUTONOME DES IAMALO-NENETS (OBLAST DE TIOUMEN)						
Total	494 844		385 614	77,9%	109 230	22,1%
Nenets	20 917	4,2%	2 391	11,4%	18 526	88,6%
Khantys	7 247	1,5%	1 038	14,3%	6 209	85,7%
Selkoupes	1 530	0,3%	173	11,3%	1 357	88,7%
Russes	292 808	59,2%	243 763	83,3%	49 045	16,7%
Ukrainiens	85 022	17,2%	70 390	82,8%	14 632	17,2%
Tatars	26 431	5,3%	21 439	81,1%	4 992	18,9%
OKROUG AUTONOME D'AGA-BOURIATIE (OBLAST DE TCHITA)						
Total	77 188		25 134	32,6%	50 870	65,9%
Bouriates	42 362	54,9%	8 225	19,4%	33 739	79,6%
Russes	31 473	40,8%	15 473	49,2%	15 977	50,8%

Source : recensement URSS 1989

Langue maternelle par nationalité

Nationalité	Total		Langue maternelle russe		Langue maternelle locale	
	Nombre	%	Nombre	%	Nombre	%
OKROUG AUTONOME DE TAÏMYR (KRAÏ DE KRASNOÏARSK)						
Total	55 803		43 198	77,4%	44 928	80,5%
Dolganes	4 939	8,9%	456	9,2%	4 513	91,4%
Nenets	2 446	4,4%	415	17,0%	1 990	81,4%
Nanassans	849	1,5%	83	9,8%	755	88,9%
Evenks	311	0,6%	78	25,1%	218	70,1%
Enets	103	0,2%	26	25,2%	77	74,8%
Russes	37 438	67,1%	37 403	99,9%	-	0,0%
Ukrainiens	4 816	8,6%	2 202	45,7%	1	0,02%
OKROUG AUTONOME DES EVENKS (KRAÏ DE KRASNOÏARSK)						
Total	24 769		19 369	78,2%	2 588	10,4%
Evenks	3 480	14,0%	901	25,9%	2 566	73,7%
Russes	16 718	67,5%	16 713	99,9%	-	0,0%
Ukrainiens	1 303	5,3%	579	44,4%	-	0,0%

Nationalité	Total		Langue maternelle russe		Langue maternelle locale	
	Nombre	%	Nombre	%	Nombre	%
OKROUG AUTONOME DES NENETS (OBLAST D'ARKHANGELSK)						
Total	53 912		44 051	81,7%	2 878	5,3%
Nenets	6 423	11,9%	2 474	38,5%	2 875	44,8%
Russes	35 489	65,8%	35 458	99,9%	1	0,003%
Komis	5 124	9,5%	2 775	54,2%	2	0,04%
OKROUG AUTONOME DE BOURIATIE OUST-ORDA (OBLAST D'IRKOUTSK)						
Total	135 870		85 175	62,7%	44 432	32,7%
Bouriates	49 298	36,3%	4 932	10,0%	44 352	90,0%
Russes	76 827	56,5%	76 766	99,9%	37	0,05%
OKROUG AUTONOME DES KORIAKS (OBLAST DU KAMTCHATKA)						
Total	39 940		32 297	80,9%	3 681	9,2%
Koriaks	6 572	16,5%	3 016	45,9%	3 513	53,5%
Tchouktches	1 460	3,7%	273	18,7%	121	8,3%
Itelmènes	1 179	3,0%	1 039	88,1%	7	0,6%
Evens	713	1,8%	252	35,3%	23	3,2%
Russes	24 773	62,0%	24 761	99,95%	2	0,01%
Ukrainiens	2 896	7,3%	1 615	55,77%	6	0,21%
OKROUG AUTONOME DES TCHOUKTCHES (OBLAST DE MAGADAN)						
Total	163 934		135 047	82,4%	8 837	5,4%
Tchouktches	11 914	7,3%	3 246	27,2%	8 659	72,7%
Esquimaux	1 452	0,9%	635	43,7%	30	2,1%
Evens	1 336	0,8%	437	32,7%	18	1,3%
Tchouvants	944	0,6%	776	82,2%	119	12,6%
Russes	108 297	66,1%	108 212	99,9%	4	0,0%
Ukrainiens	27 600	16,8%	14 671	53,2%	-	0,0%
OKROUG AUTONOME DES KOMIS PERMIAKS (OBLAST DE PERM)						
Total	158 526		76 498	48,3%	79 334	50,0%
Komis-Permiaks	95 415	60,2%	16 319	17,1%	79 079	82,9%
Russes	57 272	36,1%	57 036	99,59%	222	0,4%

Nationalité	Total		Langue maternelle russe		Langue maternelle locale	
	Nombre	%	Nombre	%	Nombre	%
OKROUG AUTONOME DES KHANTYS-MANSIS (OBLAST DE TIOUMEN)						
Total	1 282 396		993 699	77,5%	8 967	0,7%
Khantys	11 892	0,9%	5 313	44,7%	6 563	55,2%
Mansis	6 562	0,5%	4 143	63,1%	2 404	36,6%
Russes	850 297	66,3%	849 704	99,9%	9	0,001%
Ukrainiens	148 317	11,6%	52 774	35,6%	5	0,003%
Tatars	97 689	7,6%	22 754	23,3%	3	0,003%
OKROUG AUTONOME DES IAMALO-NENETS (OBLAST DE TIOUMEN)						
Total	494 844		350 818	70,9%	19 840	4,0%
Nenets	20 917	4,2%	999	4,8%	19 713	94,2%
Khantys	7 247	1,5%	1 148	15,8%	44	0,6%
Selkoupes	1 530	0,3%	233	15,2%	19	1,2%
Russes	292 808	59,2%	292 500	99,9%	15	0,01%
Ukrainiens	85 022	17,2%	27 026	31,8%	11	0,01%
Tatars	26 431	5,3%	6 514	24,65%	2	0,01%
OKROUG AUTONOME D'AGA-BOURIATIE (OBLAST DE TCHITA)						
Total	77 188		33 428	43,3%	41 728	54,1%
Bouriates	42 362	54,9%	656	1,5%	41 669	98,4%
Russes	31 473	40,8%	31 442	99,9%	8	0,03%

Source : recensement URSS 1989

Tableau 8
Population des républiques de Sibérie

Répartition par nationalité et par type de résidence

Nationalité	Total		Population urbaine		Population rurale	
	Nombre	%	Nombre	%	Nombre	%
REPUBLIQUE DE L'ALTAÏ						
Total	190 831		51 649	27,1%	139 182	72,9%
Altaïens	59 130	31,0%	6 215	10,5%	52 915	89,5%
Russes	115 188	60,4%	42 433	36,8%	72 755	63,2%
Kazakhs	10 692	5,6%	830	7,8%	9 862	92,2%
REPUBLIQUE DE BOURIATIE						
Total	1 038 252		640 353	61,7%	397 899	38,3%
Bouriates	249 525	24,0%	111 069	44,5%	138 456	55,5%
Russes	726 165	69,9%	480 175	66,1%	245 990	33,9%
REPUBLIQUE DE KHAKASSIE						
Total	566 861		410 122	72,3%	156 739	27,7%
Khakasses	62 859	11,1%	22 379	35,6%	40 480	64,4%
Russes	450 430	79,5%	350 696	77,9%	99 734	22,1%
REPUBLIQUE DE SAKHA (IAKOUTIE)						
Total	1 094 065		731 963	66,9%	362 102	33,1%
Iakoutes	365 236	33,4%	94 017	25,7%	271 219	74,3%
Russes	550 263	50,3%	496 305	90,2%	53 958	9,8%
Ukrainiens	77 114	7,0%	69 202	89,7%	7 912	10,3%
REPUBLIQUE DE TOUVA						
Total	308 557		144 310	46,8%	164 247	53,2%
Touvas	198 448	64,3%	59 454	30,0%	138 994	70,0%
Russes	98 831	32,0%	75 882	76,8%	22 949	23,2%

Source : recensement URSS 1989

Langue maternelle par nationalité

Nationalité	Total		Langue maternelle russe		Langue maternelle de la république	
	Nombre	%	Nombre	%	Nombre	%
REPUBLIQUE DE L'ALTAÏ						
Total	190 831		124 546	65,3%	53 160	27,9%
Altaïens	59 130	31,0%	6 134	10,4%	52 970	89,6%
Russes	115 188	60,4%	115 116	99,94%	44	0,04%
Kazakhs	10 692	5,6%	386	3,6%	91	0,9%
REPUBLIQUE DE BOURIATIE						
Total	1 038 252		781 313	75,3%	223 449	21,5%
Bouriates	249 525	24,0%	26 347	10,6%	223 074	89,4%
Russes	726 165	69,9%	725 773	99,9%	111	0,02%
REPUBLIQUE DE KHAKASSIE						
Total	566 861		488 578	86,2%	52 433	9,2%
Khakasses	62 859	11,1%	10 517	16,7%	52 302	83,2%
Russes	450 430	79,5%	450 232	99,96%	24	0,01%
REPUBLIQUE DE SAKHA (IAKOUTIE)						
Total	1 094 065		644 683	58,9%	366 256	33,5%
Iakoutes	365 236	33,4%	17 895	4,9%	347 286	95,1%
Russes	550 263	50,3%	548 615	99,7%	1 311	0,2%
Ukrainiens	77 114	7,0%	38 860	50,4%	111	0,1%
REPUBLIQUE DE TOUVA						
Total	308 557		105 172	34,1%	196 635	63,7%
Touvas	198 448	64,3%	1 857	0,9%	196 534	99,0%
Russes	98 831	32,0%	98 777	99,9%	26	0,03%

Source : recensement URSS 1989

Tableau 9

Population des républiques de la moyenne Volga

Répartition par nationalité et par type de résidence

Nationalité	Total		Population urbaine		Population rurale	
	Nombre	%	Nombre	%	Nombre	%
REPUBLIQUE DU BACHKORTOSTAN (BACHKIRIE)						
Total	3 943 113		2 516 640	63,8%	1 426 473	36,2%
Bachkirs	863 808	21,9%	365 474	42,3%	498 334	57,7%
Russes	1 548 291	39,3%	1 285 283	83,0%	263 008	17,0%
Tatars	1 120 702	28,4%	647 643	57,8%	473 059	42,2%
REPUBLIQUE DE MARI EL						
Total	749 332		457 218	61,0%	292 114	39,0%
Maris	324 349	43,3%	119 472	36,8%	204 877	63,2%
Russes	355 973	47,5%	289 786	81,4%	66 187	18,6%
Tatars	43 850	5,9%	30 171	68,8%	13 679	31,2%
REPUBLIQUE DE MORDOVIE						
Total	963 504		541 091	56,2%	422 413	43,8%
Mordves	313 420	32,5%	119 676	38,2%	193 744	61,8%
Russes	586 147	60,8%	388 932	66,4%	197 215	33,6%
Tatars	47 328	4,9%	21 023	44,4%	26 305	56%
REPUBLIQUE D'OUDMOURTIE						
Total	1 605 663		1 119 773	69,7%	485 890	30,3%
Oudmourtes	496 522	30,9%	221 865	44,7%	274 657	55,3%
Russes	945 216	58,9%	762 766	80,7%	182 450	19,3%
Tatars	110 490	6,9%	94 452	85,5%	16 038	14,5%
REPUBLIQUE DU TATARSTAN						
Total	3 641 742		2 654 758	72,9%	986 984	27,1%
Tatars	1 765 404	48,5%	1 118 792	63,4%	646 612	36,6%
Russes	1 575 361	43,3%	1 349 700	85,7%	225 861	14,3%
Tchouvaches	134 221	3,7%	57 833	43,1%	76 388	56,9%

Nationalité	Total		Population urbaine		Population rurale	
	Nombre	%	Nombre	%	Nombre	%
REPUBLIQUE DE TCHOUVACHIE						
Total	1 338 023		771 054	57,6%	566 969	42,4%
Tchouvaches	906 922	67,8%	421 987	46,5%	484 935	53,5%
Russes	357 120	26,7%	308 274	86,3%	48 346	13,5%
Tatars	35 689	2,7%	14 192	39,8%	21 497	60,2%

Source : recensement URSS 1989

Langue maternelle par nationalité

Nationalité	Total		Langue maternelle russe		Langue maternelle de la république	
	Nombre	%	Nombre	%	Nombre	%
REPUBLIQUE DU BACHKORTOSTAN (BACHKIRIE)						
Total	3 943 113		1 774 054	45,0%	652 004	16,5%
Bachkirs	863 808	21,9%	39 709	4,6%	645 351	74,7%
Russes	1 548 291	39,3%	1 546 124	99,86%	316	0,02%
Tatars	1 120 702	28,4%	74 171	6,62%	5 428	0,5%
REPUBLIQUE DE MARI EL						
Total	749 332		407 901	54,4%	287 137	38,3%
Maris	324 349	43,3%	37 491	11,6%	286 787	88,4%
Russes	355 973	47,5%	355 694	99,9%	210	0,1%
Tatars	43 850	5,9%	5 000	11,4%	39	0,1%
REPUBLIQUE DE MORDOVIE						
Total	963 504		630 323	65,4%	277 583	28,8%
Mordves	313 420	32,5%	35 936	11,5%	277 372	88,5%
Russes	586 147	60,8%	585 829	99,95%	177	0,03%
Tatars	47 328	4,9%	2 990	6,3%	7	0,01%
REPUBLIQUE D'OUDMOURTIE						
Total	1 605 663		1 106 622	68,9%	376 461	23,4%
Oudmourtes	496 522	30,9%	120 560	24,3%	375 659	75,7%
Russes	945 216	58,9%	944 227	99,9%	638	0,1%
Tatars	110 490	6,9%	20 318	18,4%	86	0,1%

Nationalité	Total		Langue maternelle russe		Langue maternelle de la république	
	Nombre	%	Nombre	%	Nombre	%
REPUBLIQUE DU TATARSTAN						
Total	3 641 742		1 698 471	46,6%	1 713 936	47,1%
Tatars	1 765 404	48,5%	59 103	3,3%	1 705 151	96,6%
Russes	1 575 361	43,3%	1 573 252	99,87%	896	0,1%
Tchouvaches	134 221	3,7%	15 809	11,8%	373	0,3%
REPUBLIQUE DE TCHOUVACHIE						
Total	1 338 023		510 115	38,1%	771 791	57,7%
Tchouvaches	906 922	67,8%	135 594	15,0%	770 825	85,0%
Russes	357 120	26,7%	356 269	99,8%	654	0,2%
Tatars	35 689	2,7%	3 357	9,4%	85	0,2%

Source : recensement URSS 1989

Tableau 10

Population des républiques du Nord-Caucase

Répartition par nationalité et par type de résidence

Nationalité	Total		Population urbaine		Population rurale	
	Nombre	%	Nombre	%	Nombre	%
REPUBLIQUE DES ADYGHEENS						
Total	432 046		225 193	52,1%	206 853	47,9%
Adyghéens	95 439	22,1%	31 841	33,4%	63 598	66,6%
Russes	293 640	68,0%	169 696	57,8%	123 944	42,2%
REPUBLIQUE DU DAGUESTAN						
Total	1 802 188		779 333	43,2%	1 022 855	56,8%
Avars	496 077	27,5%	152 661	30,8%	343 416	69,2%
Darguines	280 431	15,6%	88 454	31,5%	191 977	68,5%
Koumyks	231 805	12,9%	109 657	47,3%	122 148	52,7%
Lezguiens	204 370	11,3%	77 707	38,0%	126 663	62,0%
Laks	91 682	5,1%	57 080	62,3%	34 602	37,7%
Tabassarans	78 196	4,3%	25 841	33,0%	52 352	66,9%
Nogays	28 294	1,6%	3 752	13,3%	24 542	86,7%
Routouls	14 955	0,8%	3 862	25,8%	11 093	74,2%
Agouls	13 791	0,8%	4 283	31,1%	9 503	68,9%
Tsakhours	5 194	0,3%	685	13,2%	4 509	86,8%
Russes	165 940	9,2%	140 741	84,8%	25 199	15,2%
REPUBLIQUE DE KABARDINO-BALKARIE						
Total	753 531		460 552	61,1%	292 979	38,9%
Kabardes	363 494	48,2%	156 690	43,1%	206 804	56,9%
Balkars	70 793	9,4%	41 577	58,7%	29 216	41,3%
Russes	240 750	31,9%	200 135	83,1%	40 615	16,9%
REPUBLIQUE DE KARATCHAÏEVO-TCHERKESSIE						
Total	414 970		201 655	48,6%	213 315	51,4%
Karatchaïs	129 449	31,2%	38 812	30,0%	90 637	70,0%
Tcherkesses	40 241	9,7%	12 110	30,1%	28 131	69,9%
Russes	175 931	42,4%	120 361	68,4%	55 570	31,6%
Abazines	27 475	6,6%	9 453	34,4%	18 022	65,6%

Nationalité	Total		Population urbaine		Population rurale	
	Nombre	%	Nombre	%	Nombre	%
REPUBLIQUE D'OSSETIE DU NORD						
Total	632 428		433 704	68,6%	198 724	31,4%
Ossètes	334 876	53,0%	213 794	63,8%	121 082	36,2%
Russes	189 159	29,9%	151 937	80,3%	37 222	19,7%
Ingouches	32 783	5,2%	12 197	37,2%	20 586	62,8%
REPUBLIQUE DE TCHETCHENO-INGOUCHIE						
Total	1 270 429		525 353	41,4%	745 076	58,6%
Tchétchènes	734 501	57,8%	183 861	25,0%	550 640	75,0%
Ingouches	163 762	12,9%	58 026	35,4%	105 736	64,6%
Russes	293 771	23,1%	234 687	79,9%	59 084	20,1%

Source : recensement URSS 1989

Langue maternelle par nationalité

Nationalité	Total		Langue maternelle russe		Langue maternelle de la république	
	Nombre	%	Nombre	%	Nombre	%
REPUBLIQUE DES ADYGHEENS						
Total	432 046		312 118	72,2%	94 266	21,8%
Adyghéens	95 439	22,1%	1 480	1,6%	93 925	98,4%
Russes	293 640	68,0%	293 559	99,97%	10	0,003%
REPUBLIQUE DU DAGUESTAN						
Total	1 802 188		187 427	10,4%	1 442 651	80,0%
Avars	496 077	27,5%	3 456	0,7%	492 171	99,2%
Darguines	280 431	15,6%	1 876	0,67%	278 377	99,3%
Koumyks	231 805	12,9%	1 748	0,8%	229 822	99,1%
Lezguiens	204 370	11,3%	1 906	0,9%	201 928	98,8%
Laks	91 682	5,1%	1 558	1,7%	90 010	98,2%
Tabassarans	78 196	4,3%	564	0,7%	77 206	98,7%
Nogays	28 294	1,6%	148	0,5%	28 122	99,4%
Routouls	14 955	0,8%	123	0,8%	14 781	98,8%
Agouls	13 791	0,8%	118	0,9%	13 649	99,0%
Tsakhours	5 194	0,3%	38	0,7%	5 154	99,2%
Russes	165 940	9,2%	165 588	99,8%	244	0,1%

Nationalité	Total		Langue maternelle russe		Langue maternelle de la république	
	Nombre	%	Nombre	%	Nombre	%
REPUBLIQUE DE KABARDINO-BALKARIE						
Total	753 531		265 094	35,2%	430 438	57,1%
Kabardes	363 494	48,2%	3 793	1,0%	359 607	98,9%
Balkars	70 793	9,4%	940	1,33%	69 823	98,6%
Russes	240 750	31,9%	240 610	99,9%	67	0,03%
REPUBLIQUE DE KARATCHAÏEVO-TCHERKESSIE						
Total	414 970		185 309	44,7%	169 406	40,8%
Karatchaïs	129 449	31,2%	947	0,7%	128 433	99,2%
Tcherkesses	40 241	9,7%	639	1,6%	39 477	98,1%
Russes	175 931	42,4%	175 867	99,96%	29	0,02%
Abazines	27 475	6,6%	558	2,0%	423	1,5%
REPUBLIQUE D'OSSETIE DU NORD						
Total	632 428		212 930	33,7%	329 618	52,1%
Ossètes	334 876	53,0%	5 899	1,8%	328 807	98,2%
Russes	189 159	29,9%	188 978	99,9%	122	0,1%
Ingouches	32 783	5,2%	257	0,8%	47	0,1%
REPUBLIQUE DE TCHETCHENO-INGOUCHIE						
Total	1 270 429		312 308	24,6%	897 391	70,6%
Tchétchènes	734 501	57,8%	1 548	0,2%	732 780	99,8%
Ingouches	163 762	12,9%	545	0,3%	163 160	99,6%
Russes	293 771	23,1%	293 629	99,95%	32	0,01%

Source : recensement URSS 1989

Bibliographie

En français

Blum Alain, *Naître, vivre et mourir en URSS,* Payot, 2004, 315 p.
Caratini Roger, *Dictionnaire des nationalités et des minorités en URSS*, Larousse, 1990, 272 p.
Carrère d'Encausse Hélène, *L'empire éclaté*, Flammarion, 1978, 314 p.
Carrère d'Encausse Hélène, *La Gloire des nations ou La fin de l'empire soviétique*, Fayard, 2005, 492 p.
Carrère d'Encausse Hélène, *Six années qui ont changé le monde 1985-1991*, Fayard, 2015, 432 p.
Conte Francis (sous la dir.), *Les grandes dates de la Russie et de l'URSS*, Larousse, 1990, 288 p.
Fédorovski Vladimir, *Le Roman de la Perestroïka*, Editions du Rocher, 2013, 253 p.
Ferro Marc (sous la dir.), *L'état de toutes les Russies,* La Découverte, 1993, 446 p.
Gratchev Andreï, *Le passé de la Russie est imprévisible Journal de bord d'un enfant du dégel*, Alma Editeur, 2014, 317 p.
Tsarisme Bolchevisme Stalinisme Vingt regards d'historiens, Institut d'études slaves, 1990, 487 p.

En russe

Tichkov V. A. (sous la dir.), *Narodi Rossii,* Naoutchnoïe izdatelstvo, 1994, 479 p.
Sovietskaïa voiennaïa entsiklopiedïa, Ministersvo oboroni CCCP 1976 – 1980

Sites internet des services des statistiques

Arménie	http://www.armstat.am/en/
Azerbaïdjan	http://www.stat.gov.az/indexen.php
Biélorussie	http://www.belstat.gov.by/en/
Estonie	http://www.stat.ee/en

Géorgie	http://www.geostat.ge/index.php?lang=eng
Kazakhstan	http://www.stat.gov.kz/faces/homePage?_adf.ctrl-state=x9ymrdpuf_78&_afrLoop=40962725436360267
Kirghizstan	http://stat.kg/en/
Lettonie	http://www.csb.gov.lv/en
Lituanie	http://www.stat.gov.lt/en/home
Moldavie	http://www.statistica.md/index.php?l=en
Ouzbékistan	http://www.stat.uz/en/
Russie	http://www.gks.ru/wps/wcm/connect/rosstat_main/rosstat/en/main/
Tadjikistan	http://stat.tj/en/
Turkménistan	http://www.stat.gov.tm/ru/
Ukraine	http://www.ukrstat.gov.ua/
CEI	http://www.cisstat.com/

Table des matières

Acronymes 7
Introduction 9
La Russie, un pays en expansion constante 15
L'histoire propre des anciennes républiques soviétiques 29
L'histoire des républiques appartenant à la RSFSR 57
La marche vers l'éclatement de l'URSS 65
La composition ethnique des républiques fédérées au moment
de la disparition de l'URSS 87
Les nationalités en RSFSR 125
En conclusion 135
Annexes 137
Chronologie 139
Tableaux statistiques 147
Bibliographie 179
Table des matières 181

Sociologie et questions de société
aux éditions L'Harmattan

Dernières parutions

EN AVANT LA RETRAITE !
Mieux gérer la transition
Helson Juliette, Lévy Daniel
Aujourd'hui, un retraité naît toutes les 37 secondes ! Peut-on exister socialement quand on est à la retraite ? Y a-t-il des «risques sociaux» chez les retraités ? Quels sont les choix qui s'offrent à eux pour donner du sens à leur vie ? Ce livre, ponctué de récits, de témoignages éclairants, d'exercices personnels, vous accompagne durant la transition entre le monde du travail et le début d'une vie où vous serez l'acteur libre et responsable de vos décisions.
(22.50 euros, 226 p.)
ISBN : 978-2-343-07483-2, ISBN EBOOK : 978-2-336-39718-4

LA LAÏCITÉ, DÉFI DU XXIe SIÈCLE
Delfau Gérard
Cet ouvrage renouvelle la réflexion sur la laïcité en explorant son histoire depuis 1789. Elle ne se limite pas à la neutralité de l'État, ni à la nécessaire fermeté face à l'islamisme. C'est un processus de longue durée, multiforme, et par nature inachevé, comme le montrent les débats sur l'IVG, le «mariage pour tous», ou la Fin de vie. L'enjeu principal, c'est l'égalité des droits pour les femmes et les minorités sexuelles, que contestent tous les intégrismes. Et l'horizon, c'est la liberté absolue de conscience.
(Coll. Débats Laïques, 20.00 euros, 238 p.)
ISBN : 978-2-343-07828-1, ISBN EBOOK : 978-2-336-39562-3

DU NÉANT SARKOZYEN AU VIDE HOLLANDIEN
Généalogie de l'art de gouverner sous la Ve République
Fonseca David
Nicolas Sarkozy et François Hollande ont tous deux voulu refonder le pouvoir sous la Ve République. Sans contester cette prétention, cet essai essaye d'en dérouler la logique interne pour en faire surgir les singularités et contradictions. L'auteur expose ces présidences à leur propres discours et détaille les tensions qui les entourent. De la politique du néant à la politique du vide, ces tentatives de refonder le pouvoir sont toujours rattrapées par ce à quoi elles tenteraient d'échapper.
(29.00 euros, 276 p.)
ISBN : 978-2-343-07405-4, ISBN EBOOK : 978-2-336-39419-0

JE SUIS CHARLIE
Ainsi suit-il...
Collectif
L'un des traits majeurs de la situation nouée en France au lendemain des attentats de janvier 2015 fut le rassemblement presque unanime du peuple sous la houlette du gouvernement. Ce livre collectif s'attache, avec le recul nécessaire, à analyser la face cachée de ce moment inédit de notre histoire politique et critique le trait intolérant de cet attroupement : pendant quelques semaines, il n'a pas fait bon de ne pas être Charlie.
(Coll. Quelle drôle d'époque !, 22.00 euros, 212 p.)
ISBN : 978-2-343-07563-1, ISBN EBOOK : 978-2-336-39456-5

IDÉALITÉ ET RÉALITÉ DES RELATIONS ENTRE LES NATIONS
Kouassi Kanga Bertin
Les relations entre les nations telles que nous les rêvons dans nos théories pures et dans nos discours sont loin de refléter la réalité. De quoi tenons-nous l'existence d'une communauté internationale ? Pourquoi certains États se cramponnent-ils tant à des sanctions économiques aux effets mitigés qu'ils assimilent à la sanction du droit ? Pourquoi la guerre demeure-t-elle toujours la solution du règlement des conflits internationaux ? Comment perpétue-t-on les inégalités entre les États par l'idée d'une justice pénale internationale ? Voici des analyses juridiques, politiques et économiques qui aident à développer le fonctionnement du monde actuel.
(40.00 euros, 504 p.)
ISBN : 978-2-343-06998-2, ISBN EBOOK : 978-2-336-39480-0

ET LE VÉLO DANS TOUT ÇA ?
Le territoire et la mobilité vus de ma selle
Chroniques cyclo-logiques 2
Pressicaud Nicolas
L'auteur a réuni ici une trentaine d'articles traitant de différents domaines où le vélo devrait trouver sa place. Comptes rendus commentés de colloques, de lectures et d'expériences, ils en pointent le plus souvent un manque de considération. Ce faisant, par ces textes, l'auteur témoigne d'une certaine vision «cyclo-logique» de l'aménagement et de la mobilité, combinant préoccupation environnementale, sens de l'économie et souci d'équité sociale.
(27.50 euros, 268 p.)
ISBN : 978-2-343-06520-5, ISBN EBOOK : 978-2-336-39422-0

TOUCHE PAS À MON SEXE !
Cette féminité qu'on assassine
Zwang Gérard
Faisant autorité dans la description anatomique et physiologique des organes génitaux externes féminins, Gérard Zwang entonne ici un vibrant plaidoyer en faveur du respect absolu de ce legs imprescriptible. Il incite chaque femme vivant sous nos climats à révérer dévotieusement le trésor que lui a offert Dame Nature : au seuil de l'asile vaginal, siège de l'étreinte, cette bonne mère l'a dotée d'un luxueux portique, aussi singulier que son visage.
(21.00 euros, 206 p.)
ISBN : 978-2-343-07594-5, ISBN EBOOK : 978-2-336-39604-0

LA FACE CACHÉE DE LA PARENTALITÉ
Une approche sociologique de l'accompagnement de la fonction parentale
Sas-Barondeau Martine
Cet ouvrage traite de la parentalité à travers l'analyse des dispositifs d'accompagnement de la fonction parentale, financés par les caisses d'allocations familiales (CAF). Des experts ont préconisé des axes de politique familiale visant à contrecarrer les effets de l'instabilité conjugale sur l'éducation des enfants et la délinquance juvénile. De quelle teneur est cette politique et de quelle vision de la société contemporaine est-elle porteuse ? Comment les professionnels du secteur social s'emparent-ils de cette modalité d'action sociale qu'est l'accompagnement de la fonction parentale ? En quoi celui-ci est-il une réponse pertinente et adaptée aux attentes et besoins des parents ?
(Coll. Logiques sociales, 25.50 euros, 242 p.)
ISBN : 978-2-343-07398-9, ISBN EBOOK : 978-2-336-39484-8

ETHNICITÉS ET CONSTRUCTION IDENTITAIRE DANS L'AIRE ANGLOPHONE
Sous la direction de Michel Prum
Comment la construction identitaire s'opère-t-elle dans le cadre des communautés ethniques ? Comment s'élaborent dans un jeu de miroirs et de perceptions croisées, ces nombreuses identités qui font la diversité de nos sociétés actuelles ? Cet ouvrage se concentre sur l'aire anglophone, la Grande-Bretagne d'abord mais aussi les pays du Commonwealth, et se termine par un hommage

vibrant à l'anthropologue Franz Boas qui a fondé l'antiracisme américain et a posé l'ethnicité comme simple construction identitaire.
(Coll. Racisme et eugénisme, 20.00 euros, 188 p.)
ISBN : 978-2-343-07505-1, ISBN EBOOK : 978-2-336-39531-9

QU'EST-CE QUE TRANSMETTRE ?
Sociologie d'une pratique
Giraud Claude
Si nos sociétés sont en crise d'autorité, elles le sont *a fortiori* à propos de la transmission qui a lieu de façon constante. Est-ce que ce sont les objets transmis qui font problème ? Est-ce que ce sont les processus de transmission, ou encore ceux qui s'approprient et qui transforment qui font problème ? Cet ouvrage prétend ainsi apporter des pistes de réponses et fait suite aux travaux de l'auteur sur les liens négatifs, les dynamiques organisationnelles et sur ce qui fait société.
(Coll. Logiques sociales, 15.00 euros, 132 p.)
ISBN : 978-2-343-07379-8, ISBN EBOOK : 978-2-336-39642-2

SOCIOLOGIE ET PSYCHANALYSE n°21
Quelle praxis, quelle clinique ?
Sous la direction de Gilles Arnaud et Pascal Fugier
Le présent volume met en dialogue les différents courants qui sont à la fois le produit et la réécriture de l'histoire collective liant sociologie et psychanalyse : du dialogue interdisciplinaire socio-analytique à la psychologie sociale et sociologie cliniques, en passant par l'anthropologie d'inspiration psychanalytique ou encore la sociopsychanalyse. L'objectif est ici de donner à voir cette diversité d'approches dans un même ouvrage, en les considérant comme autant de modalités originales de mise en acte de ce qui fait « copule » entre les deux disciplines.
(Coll. Clinique et changement social, 20.50 euros, 184 p.)
ISBN : 978-2-343-07854-0, ISBN EBOOK : 978-2-336-39695-8

LES COMBATTANTS EUROPÉENS EN SYRIE
Sous la direction d'Ann Jacobs et Daniel Flore
Le présent ouvrage rassemble les actes de la quatrième journée franco-belge de droit pénal, consacrée aux combattants européens en Syrie. Après une introduction décrivant le contexte du terrorisme islamiste, la problématique est d'abord abordée sous l'angle des analyses et actions de l'Union européenne et ensuite sous l'angle du droit des conflits armés. Il est enfin passé au crible du droit français et de ses dernières modifications ainsi que du droit belge, tant pénal que procédural.
(Coll. Comité international des pénalistes francophones, 25.00 euros, 250 p.)
ISBN : 978-2-343-07389-7, ISBN EBOOK : 978-2-336-39356-8

REGARDS PLURIELS SUR L'INCERTAIN POLITIQUE
Entre dérives identitaires, urbanisation, globalisation économique, réseaux numériques et féminisation du social
Sous la direction de Hervé Marchal et de Christophe Baticle
Cet ouvrage identifie les formes actuelles du politique, du Mali au Québec en passant par la Turquie, l'Espagne, Madagascar, la France ou encore l'Italie. Que se passe-t-il concrètement en matière de redéfinition du politique ? Quelles formes prennent les mouvements protestataires à travers le monde ? Les notions d'espace public, d'autochtonie, d'identité, de nation, de citoyenneté sont, entre autres, analysées. L'incertain politique est pensé à travers des pratiques, mouvements et luttes qui restent à identifier pour comprendre notre monde contemporain.
(Coll. Recherche et transformation sociale, 24.50 euros, 234 p.)
ISBN : 978-2-343-07373-6, ISBN EBOOK : 978-2-336-39226-4

ÉNERGIE, CHIMÈRES ET SUPERCHERIES
Sibresse Marie-Abel
Cet ouvrage a pour but de montrer quelle est la problématique de l'énergie sous les angles, historiques, scientifiques, techniques, technologiques et économiques. Tout choix politique

concernant l'énergie ne devrait être opéré qu'après une approche globale de la question. Pourtant, dans la plupart des cas, ce n'est pas fait. Un exemple : le diesel est accusé de polluer plus que les autres moteurs thermiques, ce qui est globalement faux et thermodynamiquement le diesel est bien meilleur que ses concurrents.
(28.00 euros, 270 p.)
ISBN : 978-2-343-07183-1, ISBN EBOOK : 978-2-336-39269-1

GOUVERNANCE ET INNOVATIONS DANS LE SYSTÈME ÉNERGÉTIQUE
De nouveaux défis pour les collectivités territoriales
Marcou Gérard, Poupeau François-Mathieu, Staropoli Carine, Eiller Anne-Christine
L'objectif de cet ouvrage est de mettre la nouvelle loi sur la transition énergétique pour la croissance verte (août 2015) en perspective en la confrontant aux problèmes cruciaux de la politique énergétique, notamment dans le secteur de l'électricité : quelles innovations semblent aujourd'hui nécessaires et avec quelle viabilité économique ? Le système énergétique peut-il être décentralisé et quels sont les intérêts en jeu ? Quel est le rôle de l'État et la place des citoyens ? Les « mécanismes de marché » font-ils un marché de l'électricité ?
(31.00 euros, 302 p.)
ISBN : 978-2-343-07352-1, ISBN EBOOK : 978-2-336-39270-7

CIVILISATION
De la fabrique d'un concept à la fabrique d'une guerre
Gerbin Walter
Que défendons-nous lorsque nous nous prétendons civilisés ? Depuis plus de deux siècles, nous assistons à la fabrique d'un concept qui s'est approprié l'usage des termes de progrès, de démocratie, de liberté… au point qu'il nous est impossible de renoncer à la civilisation sans renoncer à notre humanité. L'auteur nous propose, dans un style clair et incisif une vivisection du premier système d'organisation humaine qualifié d'universel.
(Coll. Questions contemporaines, 29.00 euros, 288 p.)
ISBN : 978-2-343-07043-8, ISBN EBOOK : 978-2-336-39240-0

L'ADOLESCENCE, SA CULTURE ET SES VALEURS APRÈS 1968
Garrigues Emmanuel
Découvrons la parole adolescente des générations précédentes et son évolution dans le temps. En 1960, Edgar Morin initie une étude sur les héros préférés des adolescents dans différents domaines culturels et à laquelle l'auteur de la présente étude, alors âgé de 17 ans, participe. C'est une nouvelle génération d'adolescents qui apparaît, celle des «hippies», puis de mai 68... D'où l'idée de refaire, en 1970, 1980 et après, la même étude mais en y ajoutant la comparaison des résultats d'étude en étude et l'évolution méthodologique de l'observation participante.
(Coll. Logiques sociales, 24.50 euros, 242 p.)
ISBN : 978-2-343-03161-3, ISBN EBOOK : 978-2-336-39403-9

LE MITARD
Une approche sociologique de la discipline pénitencière
Lambert Gérard
Quels sont les effets sociaux de la discipline pénitentiaire ? L'opposition constatée entre les discours recueillis et les logiques institutionnelles interroge la prison dans sa mission de préparation à la réinsertion sociale. Tout entière dédiée à «l'ordre et la sécurité» des établissements, la discipline pénitentiaire ne participe-t-elle pas à consolider le rôle de déviants des détenus ? Quelles règles pénitentiaires européennes mettre en œuvre au service de l'impératif sécuritaire et de la nécessaire réinsertion de la population pénale ?
(Coll. Logiques sociales, 28.50 euros, 276 p.)
ISBN : 978-2-343-06756-8, ISBN EBOOK : 978-2-336-39325-4

L'HARMATTAN ITALIA
Via Degli Artisti 15; 10124 Torino
harmattan.italia@gmail.com

L'HARMATTAN HONGRIE
Könyvesbolt ; Kossuth L. u. 14-16
1053 Budapest

L'HARMATTAN KINSHASA
185, avenue Nyangwe
Commune de Lingwala
Kinshasa, R.D. Congo
(00243) 998697603 ou (00243) 999229662

L'HARMATTAN CONGO
67, av. E. P. Lumumba
Bât. – Congo Pharmacie (Bib. Nat.)
BP2874 Brazzaville
harmattan.congo@yahoo.fr

L'HARMATTAN GUINÉE
Almamya Rue KA 028, en face
du restaurant Le Cèdre
OKB agency BP 3470 Conakry
(00224) 657 20 85 08 / 664 28 91 96
harmattanguinee@yahoo.fr

L'HARMATTAN MALI
Rue 73, Porte 536, Niamakoro,
Cité Unicef, Bamako
Tél. 00 (223) 20205724 / +(223) 76378082
poudiougopaul@yahoo.fr
pp.harmattan@gmail.com

L'HARMATTAN CAMEROUN
TSINGA/FECAFOOT
BP 11486 Yaoundé
699198028/675441949
harmattancam@yahoo.com

L'HARMATTAN CÔTE D'IVOIRE
Résidence Karl / cité des arts
Abidjan-Cocody 03 BP 1588 Abidjan 03
(00225) 05 77 87 31
etien_nda@yahoo.fr

L'HARMATTAN BURKINA
Penou Achille Some
Ouagadougou
(+226) 70 26 88 27

L'HARMATTAN SÉNÉGAL
10 VDN en face Mermoz, après le pont de Fann
BP 45034 Dakar Fann
33 825 98 58 / 33 860 9858
senharmattan@gmail.com / senlibraire@gmail.com
www.harmattansenegal.com

Achevé d'imprimer par Corlet Numérique - 14110 Condé-sur-Noireau
N° d'Imprimeur : 136343 - Dépôt légal : février 2017 - *Imprimé en France*